Roger Steer

Mit Hudson Taylor unterwegs

Mut zur Nachfolge

Aus dem Englischen übersetzt und bearbeitet von
Alfred I. Gerster

Brunnen Verlag · Basel und Gießen
(in Zusammenarbeit mit der Überseeischen
Missions-Gemeinschaft)

ABCteam-Bücher erscheinen in folgenden Verlagen:

Aussaat Verlag Neukirchen-Vluyn
R. Brockhaus Verlag Wuppertal
Brunnen Verlag Basel und Gießen
Christliches Verlagshaus Stuttgart
Oncken Verlag Wuppertal und Kassel

Titel der englischen Originalausgabe:
«Hudson Taylor, Lessons in Discipleship»

Die Bibelzitate wurden der Lutherbibel entnommen, revidierter Text 1984, mit Genehmigung der Deutschen Bibelgesellschaft. Unter Quellenangabe wird jeweils aus anderen deutschen Übersetzungen zitiert, wenn der Wortlaut dem Text der King-James-Version oder New International Version entspricht oder ihm näherkommt als die Lutherbibel.

Die Deutsche Bibliothek – CIP-Einheitsaufnahme

Steer, Roger:
Mit Hudson Taylor unterwegs : Mut zur Nachfolge / Roger Steer. –
Basel ; Gießen : Brunnen-Verl., 1998
(ABC-Team : Paperback)
Einheitssacht.: Hudson Taylor, lessons in discipleship <dt.>
ISBN 3-7655-1157-9

Herausgebender Verlag: Brunnen Verlag Basel

Umschlag: Michael Basler, Lörrach
Umschlagfoto: Image Bank, Berlin
Satz: Uhl + Massopust, Aalen
Druck: Clausen & Bosse, Leck
Printed in Germany
ISBN: 3-7655-1157-9
Bestell-Nr. 111.157

Die OMF International (Überseeische Missions-Gemeinschaft, ÜMG) wurde 1865 von Hudson Taylor als China-Inland-Mission gegründet, weil man damals im Landesinneren von China noch nichts vom Evangelium gehört hatte. Seit den fünfziger Jahren arbeitet die OMF International in Ostasien, und zwar vorwiegend in den Ballungsgebieten der großen Städte. Obwohl nach wie vor Evangelisation und Gemeindegründung Hauptanliegen sind, gibt es inzwischen auch bei der ÜMG christliche Fachleute, die in erster Linie als qualifizierte Spezialisten (Lehrer an Fachhochschulen und andere Fachkräfte) tätig sind. Ferner nimmt die ÜMG seit 1965 nicht nur Leute aus dem Westen, sondern auch Asiaten als gleichberechtigte Mitglieder auf. Ihr Anteil beträgt heute zwanzig Prozent. Damit leistet die ÜMG einen wesentlichen Beitrag zur Förderung der interkulturellen Mission innerhalb von Ostasien.

Inhalt

Vorwort

Was ich von Hudson Taylor gelernt habe

Ich erinnere mich noch gut, wie stark die Bücher von Hudson Taylor *The Growth of a Soul* und *The Man Who Believed in God* auf mich wirkten, als ich sie in den vierziger Jahren während meines Studiums an der Universität von Cambridge las. Damals als Student und später als Pfarrer forderte mich Hudson Taylors Beispiel zu einem größeren und weiseren Glauben heraus. Ich empfand ihn immer als einen Menschen, der einen starken, reifen und realistischen Glauben überzeugend vorgelebt hat. Er lehrte mich vier wichtige Aspekte des christlichen Glaubens.

Erstens: Der Glaube beruht auf Gottes Treue. Ich erinnere mich gelesen zu haben, Hudson Taylor habe Jesu Aufforderung: «Habt Glauben an Gott!» (Mk 11,22) gerne beigefügt: «Zähle auf Gottes Treue.» Das ist zwar exegetisch ungenau, aber theologisch richtig. Menschlicher Glaube und göttliche Treue entsprechen der Vorder- und Rückseite einer Münze. Gerade weil Gott treu ist, ist es nur logisch, seine Zuverlässigkeit für bare Münze zu nehmen; denn niemand ist vertrauenswürdiger als Gott. Und auf ihn zu bauen ist wohl weder wagemutig noch verwegen, es entspricht vielmehr dem gesunden Menschenverstand.

Zweitens: Glaube ist kindliches Vertrauen. Gott ist nicht nur der Getreue, sondern auch unser Vater durch Jesus Christus. Er lädt uns ein, ihn Vater zu nennen und mit unseren Anliegen und Bedürfnissen zu ihm zu kommen, so wie es Kinder mit ihren Eltern halten. Ich kann nichts Besseres tun, als Hudson Taylor selber zu zitieren: «Bei meinen Kindern erinnere ich mich doch ohne weiteres daran, daß sie ein Frühstück, ein Mittagessen und auch abends noch etwas benötigen, bevor sie zu Bett gehen. Wie könnte ich das auch vergessen. Und so kann ich unmöglich annehmen, unser himmlischer Vater sei uns weniger zugetan und minder achtsam, als ich es bin.» Nochmals: «Ich glaube nicht, daß unser himmlischer Vater seine Kinder je vergessen wird. Ich bin ein sehr unvollkommener Vater, dennoch vergesse ich meine Kinder nicht. Gott ist ein sehr, sehr guter Vater. Er vergißt seine Kinder nicht.»

Drittens: Glaube ist in materieller Hinsicht, zur Beschaffung der erforderlichen Geldmittel, ebenso nötig wie im geistlichen Bereich, wenn es um die Erfüllung des Missionsauftrags geht. «Gottes Werk, nach Gottes Willen getan, läßt niemals seine Hilfe missen», lautet eines der wohl bekanntesten Worte von Hudson Taylor. Ich weiß, es gibt immer wieder Diskussionen darüber, was eine «Glaubensmission» ausmacht und ob ihre finanziellen Bedürfnisse ausschließlich vor Gott oder auch vor seine Gemeinde gebracht werden sollen. Gewiß, der Apostel Paulus fand nichts dabei, als er bei den Griechen eine Geldsammlung für die Armen unter den Christen in Jerusalem anordnete. Aber sein Aufruf gründete in seinem Vertrauen auf Gott.

Im Verlauf der letzten zwanzig Jahre hatte unsere Kirchgemeinde zwei unvermeidliche Bauaufgaben zu erfüllen. Michael Baughen leitete das erste und Richard Bewes das zweite Projekt. Obwohl der Stil der beiden sehr unterschiedlich ist, sind sie im Glauben eins. Ich habe von Hudson Taylor wie auch von anderen die zweitrangige Bedeutung des Geldes gelernt. Ich glaube wirklich, wenn wir Gottes Werk nach Gottes Sinn tun, dann werden wir auch das nötige Geld erhalten.

Viertens: Glaube ist nicht unvereinbar mit dem Gebrauch von Hilfsmitteln. 1853, auf Hudson Taylors erster Seereise nach China, war das Segelschiff vor der Küste von Wales in einen schweren Sturm geraten. Er hatte seiner Mutter versprochen, er werde einen Rettungsgürtel tragen. Doch als der Kapitän die Passagiere anwies, die Gürtel anzuschnallen, empfand er selber das als ein Zeichen des Unglaubens, mithin als ein beschämendes Verhalten Gott gegenüber, worauf er den seinen weitergab. Als er dann darüber nachdachte, sah er seinen Fehler ein. «Die Verwendung von Hilfsmitteln», schrieb er, «soll unser Vertrauen in Gott nicht mindern, und unser Vertrauen in Gott soll uns nicht hindern, zu brauchen, was immer er uns an Hilfsmitteln gibt, um sein

Ziel zu erreichen.» – Ebensowenig muß ein auf Gott vertrauender Landwirt auf seine Maschinen, ein Kranker auf die ihm vom Arzt verschriebene Medizin oder eine Kirchenleitung auf die notwendige Organisation verzichten.

Zusammenfassend kann gesagt werden: Wahrer Glaube hat nichts zu tun mit Aberglauben, Leichtgläubigkeit oder der Meinung, man könne einfach die Hände in den Schoß legen. Wahrer Glaube beruht auf der Zuverlässigkeit und Väterlichkeit von Gott; er ist begleitet von kluger Vorsicht und Handlungsweise.

So begrüße ich die Publikation von *Mit Hudson Taylor unterwegs* und bete, daß sie viele Leser anregen möge, Hudson Taylors Glauben nachzuleben.

Reverend Dr. John Stott

Einführung

Das Wesentliche des Christentums erfassen

Wie sollen wir inmitten all der Stimmen, die lautstark unsere Aufmerksamkeit verlangen, während das zwanzigste Jahrhundert zu Ende geht, die Wahrheit erkennen? Jesus hat von sich gesagt, er sei der Weg, die Wahrheit und das Leben (Joh 14,6). Dem rückhaltlosen Einsatz von Menschen wie Hudson Taylor haben wir es ein Stück weit zu verdanken, wenn es heute mehr Christen gibt als je zuvor. Warum wohl hat das Christentum den Test der Zeit überstanden, während eine Reihe von Philosophien unterging? Welches sind seine überdauernden Merkmale? Was ist das Wesentliche am christlichen Glauben?

Dieses Buch möchte *eine* der möglichen Antworten auf diese wichtige Frage geben. Sie beruht auf Hudson Taylors Lebenserfahrung und seinen Schriften. 1985 begann ich, an seiner Biographie zu arbeiten. Seither nimmt er in meinem Leben einen hervorragenden Platz ein. Selbst nach dem Erscheinen des Buches *A Man in Christ* (»Im Herzen Chinas», Gießen, 1994) habe ich nicht aufgehört, über die Bedeutung dieses Mannes und seines Werkes nachzudenken, und zwar vor dem Hintergrund sowohl meiner eigenen Kämpfe in der christlichen Nachfolge als auch meiner kirchengeschichtlichen Studien. Diese führten mich durch Jahrhunderte, quer durch die ganze Vielfalt der Kirche, tief in das Leben und die Schriften von Christen hinein. Dabei ist meine Überzeugung gewachsen, Hudson Taylors Erkenntnisse über das Gebet, seine tiefgründigen Gedanken und sein Handeln seien dicht dran am Herzstück des Christentums.

Anfänglich fragte ich mich: Was stützte Hudson Taylor während seiner christlichen Pilgerschaft? Warum nur war er so beständig? Ich dachte über seine Gewohnheit nach, vor der Morgendämmerung aufzustehen, zu beten und die Bibel zu lesen. Ich erinnerte mich, wie er Christen unterschiedlichster Herkunft begegnete, aber auch gebildeten, kultivierten Menschen aus aller Welt, bei deren Philosophie Jesus keine Rolle spielte, und wie er auch mit Lehrern und Anhängern anderer Religionen ins Gespräch kam. Dann ging mir wieder durch den Kopf, wie er mit den entmutigenden praktischen Problemen des Aufbaus einer Missionsgesellschaft umging, die die größte in China werden sollte. Ich entsann mich, wie ihm die Führung einer jungen, kunterbunten, manchmal halsstarrigen Schar von Pionieren zu schaffen machte. Ebenso stand mir vor Augen, wie er die anmaßende, voreingenommene Opposition gewisser etablierter Missionare hinnahm, damals, als er das Mädchen, das er liebte, umwarb oder als er chinesische Kleider zu tragen begann; als er vom Leiden in der eigenen Familie heimgesucht wurde; oder aber als er seinen eigenen Ruf und jenen seiner Mission und seines Gottes aufs Spiel setzte, indem er öffentlich bekanntgab, Gott werde auch ohne Aufruf zu Sammelaktionen für ihre Bedürfnisse sorgen.

1888 besuchte Hudson Taylor Kanada. Wo immer er predigte, meldeten sich junge Leute, darunter einige Studenten, für die Mission in China. Taylors Idee, in Nordamerika einen Zweig der China-Inland-Mission (CIM) zu gründen, war auf Ablehnung gestoßen. Nun aber wuchs seine Überzeugung, eine solche Erweiterung entspreche Gottes Willen. Sein «ernster Gesichtsausdruck», so wird berichtet, sei gewichen, als über vierzig Frauen und Männer um Aufnahme in die CIM nachsuchten, und ebenso später, als in überfüllten Sälen acht junge Frauen und sechs junge Männer nach China ausgesandt wurden.

An einer dieser Zusammenkünfte in Toronto sprach ein Vater davon, was es für ihn bedeute, wenn er nun seine Tochter weggebe. Er sagte dann: «Ich habe nichts, was zu kostbar wäre für meinen Herrn Jesus. Er hat mich um mein Bestes gebeten, und ich gebe es ihm von ganzem Herzen.»

«Nichts ist zu kostbar für meinen Herrn Jesus.» Diesen zu seinen wertvollen Erinnerungen an seine erste Nordamerikareise gehörenden Ausspruch hat Hudson Taylor in späteren Jahren oft zitiert.

Aber wie so oft sah ein Teil der Presse Taylors Besuch in einem ziemlich anderen Licht. Mit der Eisenbahn unterwegs nach Montreal, mußte der Bauingenieur Henry Frost (später Direktor der OMF USA), dem wir nochmals begegnen werden, den Atem anhalten, als Hudson Taylor ausgerechnet jenen kritischen Artikel las, den er ihm hatte ersparen wollen. Es ging um seinen Besuch in Toronto, wo er «ziemlich enttäuscht» habe, wie behauptet wurde, zumal er keineswegs wie ein großer Missionar aussehe. Ein Fremder würde auf der Straße keinerlei Notiz von ihm nehmen, höchstens denken, es handle sich um einen «gutmütig dreinschauenden Engländer». Auch sei er kein begabter öffentlicher Redner und ziehe gegenüber Kanadas besten Predigern den kürzeren. Als Hudson Taylor zu Ende gelesen hatte, ließ er das Blatt sinken und schaute schmunzelnd seinen Freund an.

«Das ist durchaus zutreffend. Ich habe schon oft gedacht, Gott habe mich klein gemacht, damit er seine Größe zeigen kann.»

Dieser kritischen Stimme, die vielleicht die Linie jenes Blattes charakterisiert, steht eine große Zahl von Zeitungsberichten aus vielen Ländern gegenüber, die von Hudson Taylors Fähigkeit reden, seine Zuhörer über längere Zeit hinweg zu fesseln. Abgesehen davon war Hudson Taylor vermutlich nicht einmal übermäßig bescheiden, als er feststellte, der Artikel sei «durchaus zutreffend», denn Gott brauchte ihn – obwohl er keine ungewöhnlichen Gaben besaß – in ganz außergewöhnlichem Maße. Das Bemerkenswerte bei ihm war seine Verbindung von «Vision, leidenschaftlicher Hingabe, Liebe, Initiative, Weisheit und unerhörtem Wagemut» (Jim Packer), die ihn dank Gottes Gnade zu einem vorbildlichen Christen werden ließ, in dessen Kämpfen, Fehlern, Niederlagen und Siegen sich seither viele erkennen konnten. Sie haben gespürt, daß Hudson Taylors Gott auch aus ihren unsicheren Schritten in Jesu Nachfolge etwas machen konnte.

Während der Zug von Toronto nach Montreal ratterte, kletterte Henry Frost auf den oberen Schlafplatz, während Hudson Taylor sich unten hinlegte. Frosts Gedanken kreisten um den bedeutenden Mann, der unter ihm lag: *Es ist nichts Besonderes, wenn ein kleiner Mann bestrebt ist, groß zu werden; aber einem großen Mann fällt es schwer, wenn er klein werden möchte. Taylor ist bei jener Demut angelangt, die allein dem Geist des demütigen Nazareners entspricht.*

Im Nachwort zu meinem früheren Buch schrieb Hudson Taylors Urenkel James Hudson Taylor III. als damaliger Generaldirektor der OMF International: «Die Lektionen in praktischer Nachfolge, die in der Biographie *J Hudson Taylor: A Man in Christ* herausragen, beschränken sich nicht auf diesen Mann oder auf die von ihm gegründete Organisation. Es sind vielmehr bleibende Grundsätze, die von *allen* Christen erlernt werden können. Der Schlüssel dazu ist die praktische Anwendung.» Das überzeugte mich, daß dieses Buch nötig war.

In der Biographie sind nur ein paar wenige Lektionen eingewoben. Für das vorliegende Buch habe ich über hundert Schlüssellektionen ausgemacht, die wir von Hudson Taylors Leben und aus seinen Schriften lernen können. Daß es sich dabei um «bleibende Grundsätze» (James H. Taylor) handelt, ergibt sich bereits aus den folgenden dreißig Fragen und ihrer Bedeutung für die heutige Zeit. Die Zahlen in Klammern weisen auf jene Lektionen[1], die eine Antwort auf die jeweilige Frage geben. Man muß aber das ganze Buch lesen, um diese Lektionen im Zusammenhang zu verstehen.

1. Was heißt es, Gott zu *kennen*? (15, 17)
2. Was kann ich von Gott wissen? (13, 14, 100)
3. Wie kann ich für Gott Großes erreichen? (14, 26, 31)
4. Was ist Glaube? (21–24, 27–30)
5. Hat Satan ein Glaubensbekenntnis? (25)
6. *Warum* leiden? (1, 16, 80–85, 87–88)
7. *Wieviel Leiden* ist mit der Nachfolge verbunden? (81–82, 84–85, 97,99)
8. Hat der Christ Rechte? (84)
9. Was lehrt uns das Buch Hiob? (89–96)
10. Wie wichtig ist der Gehorsam für Christen, die sich ihrer Rettung durch den Glauben erfreuen? (2–3, 73)
11. Wie wichtig ist das Trachten nach Heiligung für Christen, die sich ihrer Rettung durch den Glauben erfreuen? (37, 51, 74)

[1] Die entsprechenden Seitenzahlen sind im Inhaltsverzeichnis nachzuschlagen.

12. Ist Vollkommenheit möglich? (43, 47)
13. In welchem Sinn sollte ich nach Heiligung streben? (40–42, 44–47, 51)
14. Wie ernst ist Sünde zu nehmen? (37–38, 40, 46)
15. Verbleiben die Folgen der Sünde, spielen sie noch eine Rolle, wenn mir vergeben wurde? (48–50)
16. Wie «charismatisch» war Hudson Taylor? (56–63)
17. Soll ich eine «zweite Segnung» herbeiwünschen? (62)
18. Wo verbinden sich Gottes übernatürliche Macht und mein Streben nach Erfolg? (56–61)
19. Wem verleiht Gott den Heiligen Geist? (63)
20. Worin besteht das Geheimnis des wirksamen Gebets? (54–55, 64)
21. Beantwortet Gott die Gebete *immer*? (65–69)
22. Wenn ich darauf vertraue, daß Gott mein Gebet erhört, sind dann Spendenaufrufe zur Finanzierung meiner Arbeit für ihn noch nötig? (32–39)
23. Welches sind meine Motive bei der Verkündigung des Evangeliums? (4, 6–7)
24. *Wie* sollte ich evangelisieren? (11–12, 77)
25. Ist der Missionar noch immer von Bedeutung? (9)
26. Welche Eigenschaften braucht ein Missionar? (8, 10, 71)
27. Wie soll sich der Missionar fremden Kulturen gegenüber verhalten? (70, 72)
28. Wie wichtig ist der Einsatz für die Armen und Hungrigen im Blick auf die Verbreitung des Evangeliums? (76–78)
29. Was bedeutet die «Frohe Botschaft vom Reich Gottes»? (18–20)
30. Welche Eigenschaften müssen christliche Führungskräfte aufweisen? (74–75)

Hudson Taylors Antworten sind kontrovers und anspruchsvoll. Zwar sind die Fragen zeitgemäß, aber einige Antworten sind unmodern, ganz gewiß für die Welt und manchmal auch für die Kirche. Dennoch bin ich überzeugt, daß uns die folgenden Seiten ins Zentrum von Hudson Taylors Glauben leiten, aber auch dorthin, wo Gottes Liebe am hellsten strahlt – zum Kreuz von Golgatha.

Erzbischof George Carey hat gesagt: «Der geisterfüllte Diener kann es nicht ablehnen, wenn er in seinem Amt auf Wegen geführt wird, die sein geisterfüllter Meister auch gehen mußte... Christus nachfolgen zieht oft Leiden und Not nach sich, und sein Geist ist ebenso sehr dort wie beim mühelosen und erfreulichen Dienst.» Hudson Taylors bemerkenswertes Leben führte ihn sowohl durch Not und Leiden als auch durch erfreuliche Zeiten, durch Kummer und Sorge wie durch überwältigende Freude.

Golgatha, wo Jesus starb, erfüllte Hudson Taylor mit dem Gedanken an Gottes unbegrenzte Liebe, seine Gnade und Vergebung. Im Kreuz sah er aber auch den Wegweiser für die Richtung, die einzuschlagen er gerufen worden war. Und das Kreuz zeigte ihm, wie ernst Gott die Sünde nimmt: Jesu Tod für die Sünde wäre gewiß nicht nötig gewesen, wenn Sünde eine bloße Lappalie wäre.

Wie schon John Wesley, der einmal von Taylors Urgroßvater beherbergt worden war, nahm auch Hudson Taylor die Sünde ernst. Wenn ein Missionskandidat nicht entschlossen war, «in Lauterkeit zu wandeln» (Ps 84,12/rev. Elberfelder), dachte Hudson Taylor, er oder sie bliebe besser zu Hause. Christen, sagte er, sollten weder das geringste von Gottes Geboten brechen noch unreine Gedanken dulden. Sünde, auch wenn sie vergeben ist, kann nicht ungeschehen gemacht werden – die Konsequenzen bleiben (was heutzutage angesichts des tragischen Niedergangs der Familie infolge Ehebruchs beider Partner offenkundig geworden ist).

Hudson Taylor war durchaus optimistisch hinsichtlich des Zunehmens an Heiligung der nach dem Ebenbild Gottes geschaffenen Männer und Frauen, wenn sie erlöst und erneuert sind. Wir sind aufgerufen, sagte er, als «vollkommene» Christen zu handeln, aber nicht nur dann, wenn andere es sehen. Dies ganz im Sinne des schönen Satzes: «Ungesehen läßt unser Vater in der Wüste Blumen blühen.»

Er glaubte, der Heilige Geist sei zu seiner Zeit so gegenwärtig wie damals zu Pfingsten. Doch Gott gebe ihn weder denen, die ihn ersehnen oder darum beten, noch denjenigen, die wünschen, stets von ihm erfüllt zu sein: Er gebe ihn nur denen, die ihm gehorchen (Apg 5,32).

Er wußte: Wer Jesus nachfolgt, geht auf dem Pfad des Leidens[2]. «Das Kreuz», sagte er, «wird auf dem Weg gewöhnlich nicht leichter, aber es bewirkt köstliche Früchte. Das Kreuz tragen heißt täglich sterben. Manchmal entstammt nachhaltigerer Segen aus tieferem Leid. Gott, der die Prüfungen schickt, gewährt auch die erforderliche Gnade. Ob Freude oder Leid, wir nehmen es aus Gottes Hand, und die wahrhaftige Auferstehung erinnert uns daran, daß das Licht aus der Finsternis auf Gottes Weisung hin entstanden ist.»

Hudson Taylor wußte, daß China niemals durch Männer und Frauen gewonnen werden könnte, die die Bequemlichkeit lieben. Beim Dienst des Christen hat eben alles seinen Preis. Aber der Lohn ist groß, in diesem wie im kommenden Leben. Das Kreuztragen hat nichts mit Angst zu tun. Gott will, daß wir uns seines vollkommenen Friedens erfreuen: Wir sollen entlastet, ausreichend versorgt, gestärkt und glücklich sein. In seinem Buch *Nachfolge* schrieb Dietrich Bonhoeffer: «Billige Gnade ist der Todfeind der Kirche. Unser Kampf heute geht um die teure Gnade … Billige Gnade ist Predigt der Vergebung ohne Buße, ist Taufe ohne Gemeindezucht, ist Abendmahl ohne Bekenntnis der Sünden, ist Absolution ohne persönliche Beichte. Billige Gnade ist Gnade ohne Nachfolge, Gnade ohne Kreuz …» Ich weiß nicht, ob Bonhoeffer je Hudson Taylors Schriften gelesen hat; jedenfalls hätte er zweifellos bei seinem Angriff auf das, wofür er den Begriff «billige Gnade» einführte, die Zustimmung Taylors bekommen.

So wie hier wird auch im Verlaufe dieses Buches immer wieder etwas von Hudson Taylors Persönlichkeit und von dem ihn prägenden Glauben aufleuchten, aber auch von seiner Art und Weise, andere zu erreichen.

---

[2] Vgl. dazu Dietrich Bonhoeffers Begründung: «Die Nachfolge als Bindung an die Person Jesu Christi stellt den Nachfolgenden unter das Gesetz Christi, d. h. unter das Kreuz», Nachfolge (13. Aufl.), S. 61 ff.

Das Licht in Hudson Taylors Gesicht

Die wichtigsten Ereignisse in Hudson Taylors Leben sowie die Stationen der von ihm gegründeten Mission sind im Kapitel 9 aufgeführt. Der auf Tagebuchnotizen seiner Begleiter beruhende Bericht in Kapitel 25 von *A Man in Christ,* der schildert, wie Hudson Taylor und sein CIM-Team an Bord der «Lammermuir» einen schweren Sturm überlebten, erinnert uns an einige seiner Eigenschaften: seine Fähigkeit, auf freundliche und ermutigende Art zu führen, seinen gesunden, praktisch ausgerichteten, unerschütterlichen Glauben, seine starken Nerven, aber auch seinen Mut sowie seine Bereitschaft, sowohl körperlich als auch geistig hart zu arbeiten. – Doch wie wurde er von Zeitgenossen beurteilt?

Hier ein kurzer Blick auf vier Aussagen: Die erste stammt von einem Dozenten für Theologie. 1874 zog sich Taylor bei einem Sturz eine ernsthafte Rückenverletzung zu, weshalb er genötigt war, an den Hauptsitz der CIM in London zurückzukehren. C. G. Moore, der ihn dort besuchte, erinnerte sich an das Studierzimmer mit rohen Büchergestellen an den Wänden, während der Boden voller Bücher und Kisten war. Hudson Taylor lag auf einem eisernen Bettgestell und begann ein Gespräch, das Moore später als eine der glücklichsten Stunden seines Lebens bezeichnete. Dabei erlebte er ihn keineswegs als den «großen Mann», den er erwartet hatte – von ihm war nichts «Erhabenes, Imponierendes» ausgegangen, sondern eher jene Seelengröße, die Christus meinte, als er sagte, die Sanftmütigen würden das Erdreich besitzen.

Der zweite Eindruck stammt vom berühmten englischen Prediger Charles Haddon Spurgeon, den Hudson Taylor, wieder unterwegs nach China, 1879 in Südfrankreich besuchte. Er habe sich von seiner Verletzung noch immer nicht völlig erholt, notierte Spurgeon. Seine Beweglichkeit sei eingeschränkt. Im übrigen erwecke er nicht den Eindruck eines Mannes, dem man die Leitung einer großen Missionsgesellschaft anvertraut habe. Von ihm gehe keinerlei Selbstbewußtsein aus, wohl aber ein starkes Gottvertrauen. So sei er sich der Gegenwart Gottes und seiner Hilfe zu gewiß, als daß er vom eingeschlagenen Kurs abweichen würde. Als Spurgeons Gast wieder unterwegs war, klang in ihm das von

Taylor so melodisch und oft gesprochene «*China, China, China*» noch lange nach.

Henry Frost, dem wir bereits begegnet sind, entstammte einer erfolgreichen amerikanischen Familie, die bei der Gründung der Harvard-Universität[3] mitgewirkt hatte. Er war noch keine dreißig Jahre alt, als er im November 1887 Hudson Taylor zum ersten Mal begegnete. Frost war nach England gereist, um Hudson Taylor die Gründung eines CIM-Zweiges in Nordamerika nahezulegen.

Als er im Haus an der Pyrland Road zu ihm geführt wurde, erhob sich am Schreibtisch ein blonder Mann mit blauen Augen, kleiner, als Frost erwartet hatte. Er kam ihm entgegen und begrüßte ihn mit seiner angenehmen, ruhigen Stimme. Dabei erfaßte Frost mit einem Mal diesen Mann und seinen Gott: «Noch nie bin ich einem so sensiblen, bescheidenen oder so hochherzigen, vom Glauben an Gott erfüllten Menschen begegnet.»

Im folgenden Sommer reiste Hudson Taylor zum ersten Mal nach Amerika, wo er an verschiedenen Konferenzen predigte. Untergebracht war er bei der Familie Frost in Attica (Indiana). Henry Frost schrieb: «Ich habe in jenen Tagen Taylor immer aus den Augenwinkeln beobachtet. Um aufrichtig zu sein: Er war für mich manchmal ein Rätsel... Nicht daß er irgendwie unnatürlich gewesen wäre; ich bin nie jemandem begegnet, der so natürlich war wie er. Ebensowenig war er geistig überspannt. Er war der gesündeste Mensch, mit dem ich je zu tun hatte. Dennoch hatte er in geistlicher Hinsicht etwas, das mich immer wieder überraschte und meine Wachsamkeit für neue, ungewohnte Erfahrungen schärfte.»

Noch ein letzter Blick auf Hudson Taylor; er wurde im August 1890 in Queensland, Australien, zu Papier gebracht. Taylor war von Reverend John Southey und seiner Frau in ihr Haus in der Nähe von Brisbane eingeladen worden. Southey war ein englischer Pfarrer, der nach einer Krankheit auf Anraten seines Arztes nach Australien gekommen war. Als er am Bahnhof seinen Gast empfing, erging es ihm nicht anders als allen anderen, die eine imposante Persönlichkeit erwartet hatten.

---

[3] Älteste Universität Amerikas in Massachusetts, 1636 von Puritanern als Harvard College zur Ausbildung von Pfarrern gegründet, 1638 nach ihrem ersten Stifter John Harvard benannt. 1650 begann die Erweiterung mit anderen Fakultäten.

«Ich war enttäuscht», bekannte er seiner Frau, «aber er ist bestimmt ein guter Mensch.»

Nach einem kurzen Gespräch mit Hudson raunte sie ihrem Mann in einem günstigen Augenblick zu: «Sieh mal das Licht in seinem Gesicht!»

John Southey pflichtete ihr bei und dachte darüber nach. «Er schaute so unablässig auf Gott, und seine Gemeinschaft mit ihm war so tief, daß man den Eindruck hatte, auf seinem Antlitz sei ein Abglanz himmlischen Lichts. Er hatte noch nicht viele Stunden im Haus verbracht, als die anfängliche Enttäuschung einer tiefempfundenen Achtung und Liebe wich. So klar wie noch nie zuvor erkannte ich, was Gottes Gnade bewirken kann ... Im Hause war er alles, was ein Gast sein konnte: freundlich, höflich, aufmerksam, liebenswürdig. Rasch mit den Gewohnheiten des Hauses vertraut, erschien er pünktlich zu den Mahlzeiten, trug alles bei, um Umtriebe zu vermeiden, und bemerkte schnell und dankbar jede kleinste ihm erwiesene Aufmerksamkeit. Von Geltungsbedürfnis war keine Spur zu entdecken, und was uns noch auffiel, war seine echte, weil unbewußte Bescheidenheit.»

Ich glaube, Hudson Taylor wuchs in der Lebensmitte und in seinen späteren Jahren zu einem der tiefsten christlichen Denker aller Zeiten heran, zumal sein Denken an Gewicht gewann, weil es – dem praktischen Leben entstammend – auf dem Amboß des Leidens geschmiedet worden war.

Ich bete, daß alle, die Jesus nachfolgen oder noch nach der Wahrheit suchen, die folgenden Kapitel ebenso ermutigend finden werden wie ich.

1 Eine unerschütterliche Überzeugung

LEKTIONEN 1 bis 5

1. Das Leiden erteilt uns Lektionen, die wir in der Behaglichkeit und dem Komfort eines normalen Lebens nicht lernen. Das ist einer der Gründe, weshalb Gott uns manchmal durch schwierige Situationen führt.
2. Es ist nicht sinnvoll, zwischen Christus als dem Retter und Christus als dem Herrn zu unterscheiden. Entscheidend für den Christen ist einzig und allein der Gehorsam, den seine Herrschaft verlangt.
3. Christus ist entweder der Herr über alles, oder er ist überhaupt nicht der Herr.
4. Gottes Gebot an uns, das Evangelium «aller Kreatur» zu predigen (Mk 16,15), ist nicht für den Papierkorb bestimmt.
5. Christi Ruf, das Evangelium zu verkündigen, ist für alle, die ein behagliches Leben bevorzugen, unbequem.

Das Glaubensleben beginnt

Im Juni 1849 war Hudson Taylor siebzehn Jahre alt. Seine Mutter hielt sich damals fünfzig Meilen entfernt von zu Hause auf, als sie ihr Zimmer zusperrte, fest entschlossen, an diesem Nachmittag nicht nur für Hudson zu beten, damit er Christ werde, sondern auch ihr Zimmer erst zu verlassen, wenn sie die Gewißheit habe, daß ihr Gebet erhört worden war.

Am selben Nachmittag stöberte Hudson im großen Büchergestell des Wohnzimmers nach Lesestoff und fand dabei ein Traktat. Er las es, kniete nieder und nahm Jesus als seinen Retter an. Wie er kurz danach schrieb, erkannte er zum ersten Mal die volle Bedeutung von Jesu Schrei am Kreuz: «Es ist vollbracht.» Er erkannte allmählich, daß Golgatha die «volle und ganze Sühne und Genugtuung für unsere Sünde bedeutet: Die Schuld ist an unserer Stelle bezahlt worden. Christus starb für meine Sünden.»

Es war ein herrlicher Tag, diese Antwort auf das Gebet sowohl seiner Mutter als auch seiner Schwester, eine klassische Bekehrung. Doch das war erst ein Anfang. In den folgenden sechsundfünfzig Jahren war sein Glaubensleben von Kämpfen, Triumphen, Kummer und Komplikationen geprägt.

Die «geistlichen Muskeln» stärken

Drei Jahre nach seiner Bekehrung erklärte Hudson Taylor seiner Mutter, er spüre den Ruf, möglichst bald als Missionar nach China zu reisen. Bei seiner Vorbereitung lebte er so bescheiden, wie er nur konnte. So gelang es ihm, sechzig Prozent seines schmalen Lohnes weiterzugeben. Außerdem fand er, seine «geistlichen Muskeln» müßten gestärkt werden. «Wenn ich nach China gehe», dachte er, «kann ich von niemandem etwas verlangen. Mein Anspruch richtet sich allein an Gott. Wie wichtig ist es darum, noch bevor ich England verlasse, zu lernen, allein mittels Gebet Menschen durch Gott zu bewegen.»

Und so ließ er sich auf eine Reihe von Experimenten mit Gott ein. Als sein Arbeitgeber, der Chirurg Robert Hardey, ihm sagte, er möchte ihn doch jeweils daran erinnern, wenn sein Gehalt fällig sei, nahm er das als einen Wink, nie davon zu sprechen, sondern es Gott zu überlassen. Damit brachte er sich in aufregende Engpässe, erhielt aber stets sein Gehalt, wenn auch im letzten Moment. Nachdem er einmal einem hungernden irischen Arbeiter seine letzte halbe Krone gegeben hatte, spürte er, daß Gott sein Verhalten belohnte, als mit der Post des folgenden Tages eine goldene 10-Schilling-Münze für ihn eintraf.

Von Gottes Liebe lernen

Hudson Taylor, noch nicht einundzwanzig Jahre alt, verließ England zum ersten Mal, als er 1853 nach China segelte. «Meine Mutter begleitete mich in die kleine Kabine, die für nahezu sechs Monate mein Heim werden sollte. Bevor wir in See stachen, gab sie mir ihren Segen und ging an Land. Ich stand an Deck. Das Schiff bewegte sich gegen die Hafenausfahrt, und sie begleitete es auf der Pier. Als wir das Tor erreicht hatten und die Trennung unabänderlich war, schnitt mir – ich werde es niemals vergessen – ihr qualvoller Schrei ins Herz. Und noch nie zuvor war mir die Bedeutung des Wortes: ‹Also hat Gott die Welt geliebt› so bewußt gewesen wie in jenem Augenblick. In jener Stunde, das weiß ich bestimmt, erfaßte meine liebe Mutter mehr von Gottes Liebe für die Welt als in ihrem ganzen bisherigen Leben.

Wenn wir in der praktischen Gemeinschaft mit Gott geprüft werden und dabei in Kummer und Leid geraten, dann lernen wir etwas, was wir im alltäglichen Leben inmitten von Wohlbehagen und Komfort nicht mitbekommen. Darum führt uns Gott so oft durch schwierige Erfahrungen.»

Der Anspruch auf Gehorsam

Hudson Taylor fand es nicht sinnvoll, zwischen Christus als dem Retter und Christus als dem Herrn zu unterscheiden. Im Gehorsam, den seine Herrschaft verlangt, sah er einzig und allein das Entscheidende für einen Christen.

Das Wort: «Gehet hin in alle Welt und predigt das Evangelium aller Kreatur» (Mk 16,15) beschäftigte ihn, und er schrieb dazu: «Wie verhalten wir uns eigentlich gegenüber dem Herrn Jesus Christus angesichts dieses Gebotes? Sollen wir den Titel ‹Herr› endgültig fallenlassen – mit der Begründung, wir seien zwar durchaus bereit, ihn insoweit als Retter anzuerkennen, als es um die ewige Strafe für die Sünde gehe, fühlten uns ansonsten aber keineswegs als sein Eigentum, das er teuer erkauft habe, und seien darum auch nicht willens, irgendeinen Anspruch seinerseits auf unseren bedingungslosen Gehorsam anzuerkennen? Sollen wir sagen, als unser eigener Herr seien wir indessen bereit, gewisse Ansprüche von seiner Seite anzuerkennen, vorausgesetzt, er verlange nicht zuviel?

Jeder wahre Christ wird eine derartige Argumentation unverzüglich zurückweisen. Aber haben nicht schon zu allen Zeiten zahllose Menschen so gelebt, als ob sie sich genau diesen Standpunkt zu eigen gemacht hätten? Wie wenige von Gottes Volk haben erkannt, daß Christus entweder der Herr über alles ist, oder er ist überhaupt nicht der Herr. ‹Was nennt ihr mich Herr, Herr, und tut nicht, was ich euch sage?› (Lk 6,46). Soll es nicht unser heiliges Bestreben sein – vorausgesetzt, wir sind gesund und jung –, in die Fußstapfen unseres Herrn zu treten, um ihm zuliebe das Verlorene zu suchen und zu retten? (Lk 19,10/Zürcher). Und sollen nicht christliche Eltern ihre Kinder dazu ermutigen?»

Ein umgekehrtes Verhältnis

«Wann wohl wird es Gottes Volk dämmern», wunderte sich Hudson Taylor, «daß Gottes Gebot, das Evangelium ‹aller Kreatur› zu predigen, nicht für den Papierkorb bestimmt war?» Als er Anfang 1865 nach seinem ersten Dienstabschnitt wieder in England war, verfaßte er ein kleines Buch, das einen großen Einfluß ausübte: *China – seine geistlichen Bedürfnisse und Ansprüche.* Er betete über jedem neuen Abschnitt, den er schrieb. Es war kein bequemes Buch für Christen, die ein behagliches Leben bevorzugten.

«Können Englands Christen noch immer mit verschränkten Armen dasitzen, während hier Massen von Menschen zugrunde gehen – mangels eines Wissens, das in England in so reichem Maße vorhanden ist und das England zu dem gemacht hat, was

England ist, und uns zu dem, was wir sind? Was lehrt uns unser Meister, wenn ein Schaf verlorengeht? Haben wir dann nicht die neunundneunzig anderen zu verlassen und das eine zu suchen? Bei uns ist das Verhältnis umgekehrt. Wir bleiben mit einem Schaf zu Hause, und die neunundneunzig verlorenen nehmen wir nicht wahr!

Mitchristen, bedenkt doch den klaren Befehl unseres Herrn: ‹Gehet hin in alle Welt und predigt das Evangelium aller Kreatur.› Denkt doch an all die Millionen von armen Unwissenden in China, denen noch keine liebenden Nachfolger des sich selbst Verleugnenden die Frohe Botschaft gebracht haben …»

Das Buch war sicher keine leichte Lektüre, aber es wurde ein Bestseller und erschien 1887 bereits in siebter Auflage.

2 Warum seid ihr nicht früher gekommen?

LEKTIONEN 6 bis 12

6. Christen können sich nicht mit reinem Gewissen ihrer eigenen Sicherheit erfreuen, solange Millionen von Menschen Jesus nicht kennen.
7. Wenn eines von hundert Schafen verlorengegangen ist, *müssen* wir es suchen.
8. Hudson Taylor suchte als Mitarbeiter Männer und Frauen, die von Gottes Treue völlig überzeugt waren und seinen Verheißungen vertrauten.
9. Entgegen den Worten eines alten englischen Kirchenlieds trägt nicht der Wind das Evangelium weiter.
10. Wenn Missionskandidaten nicht entschlossen sind, «in Lauterkeit zu wandeln» (Ps 84,12/rev. Elberfelder), bleiben sie besser zu Hause.
11. Die Verkündigung des Evangeliums sollte überall bekenntnisübergreifend erfolgen.
12. Das Evangelium sollte planmäßig und systematisch verkündigt werden, ob zu Hause oder in der Fremde.

Eine schwierige Frage

Unter denen, die 1858 in der Bridge-Street-Kapelle in Ningbo[4] Hudson Taylors Predigt hörten, war der Baumwollhändler Ni Yongfa. Er stand einer buddhistischen Reformsekte vor, die nichts mit Götzendienst zu tun hatte und nach der Wahrheit suchte. Nach der Predigt stand Ni auf, wandte sich an die Zuhörer und sagte: «Wie zuvor mein Vater, so habe auch ich lange nach der Wahrheit gesucht! Ich bin weit gereist und habe sie nicht gefunden. Ruhe fand ich weder im Konfuzianismus noch im Buddhismus, noch im Taoismus. Doch was ich heute gehört habe, *das* verschafft mir die gesuchte Ruhe. Von nun an glaube ich an Jesus.»

Hudson Taylor wurde dann von Ni eingeladen, ihn zu dieser Sekte zu begleiten. Dort hatte Ni als bisheriger Leiter Gelegenheit, seinen Glaubenswechsel zu begründen. Taylor war beeindruckt, wie klar und mit welcher Vollmacht er sprach. Ein weiteres Sektenmitglied schloß sich ihm an, und beide wurden in der Folge getauft.

«Seit wann ist das Evangelium in England bekannt?» fragte Ni. «Seit einigen hundert Jahren», antwortete ein verlegener Hudson Taylor etwas unbestimmt. *«Was!»* entfuhr es Ni, «und ihr seid erst jetzt gekommen, um es hier zu verkündigen? Mein Vater hat mehr als zwanzig Jahre nach der Wahrheit gesucht und starb, ohne sie zu finden. Warum seid ihr nicht früher gekommen?»

Das war eine schwer zu beantwortende Frage.

Ein Mann begibt sich ganz in Gottes Hand

Vom März 1854 bis zu seinem Rücktritt im Mai 1857 arbeitete Hudson Taylor als Mitglied der Chinesischen Evangelisations-Gesellschaft, und anschließend wirkte er bis zum Juli 1861 als unabhängiger Missionar in China.

---

[4] Hafenstadt an der Hamgzhou-Bucht (chinesische Provinz Zhejiang).

Wieder zurück in England, bestand er an der Königlichen Universität für Chirurgie die Aufnahmeprüfung, erwarb das Lizenziat für Geburtshilfe und gab das Neue Testament in chinesischer Umgangssprache heraus, d.h. im Ningbo-Dialekt, wobei die chinesischen Schriftzeichen mit lateinischen Buchstaben für jeden Laut ergänzt wurden.

Vom Frühjahr 1865 an kreisten seine Gedanken während Monaten unablässig um die Evangelisation von Chinas Inland sowie um die Möglichkeiten der Gründung einer eigenen Organisation. Er schlief selten mehr als zwei Stunden und manchmal überhaupt nicht.

Im Juni desselben Jahres war er für ein Wochenende als Gast nach Brighton eingeladen. Am Sonntag morgen ging er in die Kirche und hörte eine Predigt, die ihn sehr bewegte. «Anschließend», erzählte er später, «konnte ich den Anblick der Gemeinde von tausend oder mehr Christen nicht mehr ertragen – sie erfreuten sich ihrer Sicherheit, während Millionen aus Unwissenheit zugrunde gingen. So wanderte ich am Strand, allein mit meinem heftigen inneren Aufruhr, und dort besiegte der Herr meinen Unglauben, worauf ich mich ganz in seine Hand und seinen Dienst begab. Dabei sagte ich, die ganze Verantwortung für alle Probleme und Konsequenzen müsse bei ihm liegen. Meine Sache sei es, ihm als Diener zu gehorchen und ihm nachzufolgen, während es an ihm sei, mich anzuweisen, sowie mich und meine Mitarbeiter zu führen und zu versorgen.» Er betete dann um «vierundzwanzig willige, einsatzfreudige Mitarbeiter» als Grundstock für die neue China-Inland-Mission.

Dies lebendige Bild von Hudson Taylor, von dem, was damals in ihm vorging, und von seiner kompromißlosen Hingabe an Christus, hebt sich scharf von einer gleichgültig-behaglichen Gemeinschaft von Christen ab.

Ein Team, das seinen unerschütterlichen Glauben teilt

Die vierundzwanzig «willigen, einsatzfreudigen Mitarbeiter», die Hudson erbeten hatte, waren als Zweierteams für die elf Provinzen, in denen noch keine Missionare waren, sowie für die Mongolei vorgesehen. Diese Männer und Frauen hatten etwas anderen Voraussetzungen zu entsprechen als jene, die von den übrigen Gesellschaften gesucht wurden. Die «Church Missionary Society» und die «London Missionary Society» wollten ordinierte Männer, vorzugsweise mit Universitätsabschluß. Darum war Hudson Taylor darauf bedacht, diesen kirchlichen Missionsgesellschaften keine Leute wegzunehmen.

Er suchte intelligente, gebildete Männer und Frauen, war aber überzeugt, daß mit ihren geistlichen Eigenschaften alles stehe oder falle. Darum stand bei ihm nicht der Umfang an herkömmlicher Bildung im Vordergrund. Am wichtigsten war ihm die unerschütterliche Gewißheit, daß es einen treuen Gott gibt, verbunden mit der Fähigkeit und dem Willen, ihm zu vertrauen.

Abgesehen vom Einsatz als Lehrerinnen hatten bei den übrigen Gesellschaften nur wenige Frauen Gelegenheit zur Mitarbeit. Anders die CIM, die geeigneten Frauen von Anfang an offenstand; und je jünger sie waren, desto schneller lernten sie die Sprache. Frauen wurden schon damals für die Arbeit unter Frauen als unentbehrlich betrachtet.

Die Neuen hatten Hudson und Maria Taylor als ihre Leiter anzuerkennen; sie waren die einzigen, die aufgrund ihrer bisherigen Arbeit in China mit dem Leben in diesem Land vertraut waren. Auch konnte Hudson Taylor ihnen das grundlegende Wissen vermitteln und sie mit den richtigen chinesischen Kleidungsstücken ausrüsten.

Männer und Frauen, die auf Gottes Zusagen vertrauen

Hudson Taylor wählte als Mitarbeiter Männer und Frauen, die nach seinen Worten «Mitchristen, ungeachtet ihrer Denomination, waren, die an die Inspiration von Gottes Wort glaubten und willens waren, ihren Glauben zu beweisen, indem sie in Chinas Inland gingen, wobei sie als einzige Garantie ihre Taschenbibel bei sich hatten. Jesus sagte: ‹Trachtet zuerst nach dem Reich Gottes und nach seiner Gerechtigkeit, so wird euch das alles (Nahrung und Kleidung; der Verfasser) zufallen› (Mt 6,33). Wer nicht glaubt, daß Gott die Wahrheit sagt, bleibt besser zu Hause, anstatt sich in China für den Glauben einzusetzen. Wer ihm aber vertraut, dem genügt für alle seine Bedürfnisse Gottes Verheißung.

‹Wer nicht im Sinn hat, in Lauterkeit zu wandeln› (Ps 84,12 /rev. Elberfelder), bleibt besser zu Hause; wer aber dazu entschlossen ist, hat für alles, was er braucht, eine Deckungsgarantie. Gott besitzt alles Gold und Silber in der Welt und auch alles Vieh. Wir müssen nicht als Vegetarier leben.

Geld, falsch eingesetzt oder aus falschem Motiv gegeben, kann sich verhängnisvoll auswirken. Wir können es uns ‹leisten›, mit so wenig Geld auszukommen, wie uns der Herr zukommen läßt; aber wir können uns weder Geld leisten, auf dem kein Segen liegt, noch solches, das falsch eingesetzt wurde. Es ist weit besser, überhaupt kein Geld zu haben, nicht einmal um Nahrung zu kaufen, gibt es doch in China Raben, die uns der Herr erneut mit Brot und Fleisch senden kann. Der Herr ist immer treu; er prüft den Glauben seines Volkes oder vielmehr dessen Treue.

Die Leute sagen: ‹Herr, stärke uns den Glauben.› Hat nicht der Herr seine Jünger wegen dieses kleingläubigen Gebets zurechtgewiesen? Er sagte: ‹Wenn ihr Glauben hättet so groß wie ein Senfkorn, dann könntet ihr zu diesem Maulbeerbaum sagen: Reiß dich aus und versetze dich ins Meer!, und er würde euch gehorchen› (Lk 17,5–6).» Und Taylor fügte bei: «Ihr braucht keinen großen Glauben, sondern Glauben an einen großen Gott.»

Eine Mission von einzigartiger Prägung

Taylor plante eine CIM mit sechs charakteristischen Grundzügen. Erstens sollten ihre Missionare nicht nur von einer bestimmten Denomination ausgesandt werden, sondern von allen führenden christlichen Kirchen, vorausgesetzt, sie unterzeichneten ein einfaches Glaubensbekenntnis. Später, als sich dann die Mission entwickelte, kamen sie auch aus verschiedenen Ländern.

Zweitens: Mangels eines garantierten Einkommens vertrauen die Missionare dem Herrn, daß er sie mit allem Notwendigen versorge. Die eingehenden Mittel werden unter alle aufgeteilt. Schulden werden keine gemacht.

Drittens: Es werden weder Spendenaufrufe erlassen noch

Geldsammler eingesetzt. Es werden auch keine Namen von Spendern bekanntgegeben.

Viertens: Hudson Taylor war entschlossen, die Arbeit auf dem Missionsfeld selber zu leiten und dort je nach Entwicklung auch weitere Leiter einzusetzen. Darauf bedacht, aus den Fehlern der «Chinese Evangelisation Society», mit der er zuerst nach China gereist war, zu lernen, sah er davon ab, die Leitung irgendwelchen Heimatkomitees anzuvertrauen.

Fünftens: Die Tätigkeit der Mission sah er systematisch und praktisch. Nach einem umfassenden Evangelisationsplan für ganz China sollten in wichtigen Zentren Stützpunkte entstehen. Es ging ihm aber keineswegs darum, der CIM die größte Zahl von Bekehrten zu sichern, sondern um die möglichst rasche Evangelisation von ganz China. Wer letztlich die Garben einholte, betrachtete er als zweitrangig.

Sechstens: Aus Achtung vor der chinesischen Bevölkerung würden die Missionare chinesische Kleider tragen und ihre Gottesdienste in Bauten einheimischen Stils halten.

«Der Wind wird sie niemals weitertragen!»

Im Juni 1872 war Taylor gemeinsam mit D. L. Moody[5] Gastredner bei der jährlichen Mildmay-Konferenz. Er saß noch mit anderen zusammen auf dem Podium. Nachdem die Anwesenden «Tragt, tragt, ihr Winde, seine Geschichte weiter...» gesungen hatten, setzten sie sich, begierig, nun etwas vom Gründer der China-Inland-Mission zu hören. Hudson Taylor stand auf und sagte mit einem Augenzwinkern, was er durchaus ernst meinte:

«Meine lieben Freunde, der Wind wird sie niemals weitertragen! Wenn die segensreiche Geschichte von seiner Liebe an die dunkeln Orte der Erde getragen werden soll, dann muß es durch Männer und Frauen wie Sie und mich geschehen; durch Menschen, die dem Missionsbefehl gehorchen wollen.»

---

[5] Dwight Lyman Moody, 1837–99, geb. in Northfield, Massachusetts, gab 1861 eine erfolgreiche Laufbahn als Geschäftsmann in Chicago auf. Er wirkte in der Folge als Evangelist von großer Ausstrahlung und war sehr bekannt.

3 Gott kennen

LEKTIONEN 13 bis 30

13. Gott ist sowohl der Gott der Schöpfung als auch der Gnade, weshalb keiner seiner Wege willkürlich ist. Gott handelt unwandelbar im besten Sinn, und zwar immer gleichartig.
14. Es gibt immer wieder Rätsel, die wir nicht verstehen und deren Auflösung nicht notwendigerweise hier und jetzt bekanntgegeben wird. Wenn wir uns aber an all das halten, was uns offenbart und geistlich vermittelt wird, dann können wir Großes für Gott wirken.
15. Durch den Heiligen Geist können wir Gott in seinem geschriebenen Wort und im Angesicht Jesu Christi erkennen.
16. Wenn wir die Macht von Christi Auferstehung erfahren wollen, dann müssen wir uns auch in die Gemeinschaft mit seinem Leiden begeben.
17. Wir lernen Gott kennen, indem wir das Leben aus Gott im Alltag praktizieren. Nur so sind wir fähig, den Weg zu verstehen, den wir gehen mußten.
18. Christen denken nicht genügend über die Bedeutung des Evangeliums vom Reich Gottes nach.
19. Die Bibel ist voller Segnungen, derer wir uns dank Gottes Herrschaft erfreuen können.
20. Die Bergpredigt enthält das Grundgesetz des Reiches Gottes.

21. Der Satz: «Halte dich an Gottes Treue» (Hudson Taylors wörtliche Übersetzung von Mk 11,22) gipfelt im ermutigenden Glaubensbekenntnis, wonach Gott alle Männer und Frauen mit dem Nötigen versorgt.

22. Wir sollten uns an Gottes Treue halten und im täglichen Leben darauf zählen, aber auch darauf achten, daß wir zu allen Zeiten von dieser Wahrheit völlig überzeugt sind.

23. Im Mangel an Vertrauen wurzeln fast alle unsere Sünden. Dem entgehen wir nur, wenn wir auf Gott schauen und uns an seine Treue halten.

24. Auf Gott schauen bedeutet nicht leichtsinniges oder draufgängerisches Verhalten, im Notfall aber sollen wir gewappnet sein.

25. Auch der Satan hat ein Glaubensbekenntnis: «Zweifle an Gottes Zuverlässigkeit.»

26. Alle großen Glaubensmänner waren schwach und taten nur Großes, weil sie mit Gottes Beistand rechneten.

27. Glaube heißt, jenen, mit denen wir zu tun haben, Zuverlässigkeit oder Vertrauenswürdigkeit zuzubilligen.

28. Das Vertrauen in Gott ist für unser geistliches Leben so unentbehrlich wie das Vertrauen zwischen Partnern im Geschäftsleben.

29. Jesus wies die Jünger wegen des Gebets «Herr, stärke uns den Glauben» (Lk 17,5) zurecht. Nötig ist nicht ein großer Glaube, sondern der Glaube an einen großen Gott, der erwartet, daß Gott seine Verheißungen erfüllt.

30. Wir verlassen uns auf die Bibel, weil sie Gottes Wort ist.

Taylors Begriff von Gottes Wesen

Hudson Taylor vertraute Gott. Er glaubte wie so viele andere Glaubensmänner und -frauen, daß Christen sich weniger mit der Art des Glaubens und mehr mit der Wirklichkeit Gottes befassen sollten. «Nicht großen Glauben brauchen wir, wohl aber Glauben an einen großen Gott.» Welches war somit sein Begriff von Gottes Wesen?

Hudson Taylors Auffassung von Gottes Wesen und seinen Wegen war von seiner Neigung zum wissenschaftlichen Denken geprägt. Sein Ausgangspunkt war immer die Ermahnung, folgende drei wichtigen Feststellungen nicht zu vergessen: «Es gibt einen großen Gott, er hat zu uns in der Bibel gesprochen, und was er sagt, das meint er auch.»

Der Gott der Schöpfung

Er betonte, daß Gott sowohl ein Gott der Schöpfung als auch der Gnade ist. Darum sind seine Wege nie willkürlich; denn «alles, was vollkommener Weisheit und Güte entspringt, *kann* nie anders als weise und gut sein». Weil Gott immer im *besten* Sinne handelt, ist sein Handeln unter denselben Umständen immer *gleich*.

«Sein unveränderliches Handeln ist im ganzen Universum sichtbar und wird von vielen wahrgenommen, die nichts vom großen Schöpfergott wissen. Viele ziehen es vor, von der Konstanz der Naturgesetze zu sprechen anstatt von Gottes unveränderlichem Wirken. Das Wort ‹Naturgesetz› soll aber nicht mißverstanden werden. Es verhält sich nämlich wie beim ‹Gesetz› eines gut eingespielten Haushalts, bei dem die Türe aufgeht, wenn jemand klingelt. Anzunehmen, es seien die Gesetze als solche, die das bewirken, wäre grundsätzlich falsch; denn alles geht – direkt oder indirekt – auf das Haupt des Haushalts zurück; fällt doch kein Sperling auf die Erde ohne euren Vater (Mt 10,29).

Wir, die wir Gott kennen und seine Kinder sind, tun gut daran, uns zu erinnern, daß es *unser unwandelbarer Gott* ist, der das Wasser über dem Feuer kochen läßt, der den Dampf bewirkt, der in der Maschine eine so gewaltige Kraft entwickelt und der auch die Elektrizität geschaffen hat, derer wir uns beim nützlichen Telegrafen bedienen oder der wir allenfalls beim Blitzschlag erliegen. Ebenso erkennen wir im Gesetz der Schwerkraft sein gleichförmiges Handeln.»

Der Gott der Gnade

«Nicht weniger konstant und erhaben ist Gott auf dem Gebiet der Gnade. Seine Überlegenheit ist nie launenhaft oder willkürlich. Seine Art des Handelns kann verfolgt und auf weite Strecken sowohl in geistlichen wie in natürlichen Belangen entdeckt werden. Einige seiner Gesetze sind klar in seinem Wort offenbart, andere spiegeln sich in seinem Handeln. Am besten aber lernt man Gott durch den Heiligen Geist kennen, lieben und ehren, wenn man sich mit seinem Wort befaßt und ihn dabei im Angesicht Jesu Christi wahrnimmt.

So wie es in der Natur für uns schwache Menschen manch unfaßbares Geheimnis gibt, so ist in geistlicher Hinsicht manches noch nicht erkennbar und auch nicht dazu bestimmt, hier und jetzt offenbar zu werden. So wie die Menschen mit der Nutzbarmachung naturwissenschaftlicher Erkenntnisse viel erreicht haben (Dampf, Elektrizität und anderes mehr), so können auch mit der Umsetzung geistlicher Erkenntnisse große Resultate erzielt werden. Zehntausend Pferde hätten nicht einmal innerhalb einer Woche die gleiche Ladung von London nach Glasgow bringen können, die von der Eisenbahn in einem halben Tag dorthin geführt wird. Die neuesten Meldungen aus London, die per Kabel nach wenigen Stunden in Shanghai sind, hätten selbst zehntausend Kuriere nach Monaten noch nicht überbracht. Auch in geistlichen Belangen wird mangels geistlicher Kraft keine Anstrengung und keine Maschine das hergeben, was leicht erreicht wird, wenn wir auf Gott vertrauen und nach seinem Willen in der von ihm festgelegten Richtung arbeiten.»

Angewandtes Wissen

Hudson Taylor stellte dem verstandesmäßigen Erfassen der christlichen Wahrheit deren praktische Anwendung im Alltag gegenüber. So schrieb er: «Zwischen dem, was wir von Gott wissen, und dessen praktischer Anwendung besteht eine viel engere Verbindung, als wir uns manchmal vorstellen.»

Zu Jesu Wort: «Das ist aber das ewige Leben, daß sie dich, der du allein wahrer Gott bist, und den du gesandt hast, Jesus Christus, erkennen», sagte er: «Wenn wir das Leben, das er uns gegeben hat, treu leben und das uns anvertraute Wissen treu einsetzen, dann lernen wir ihn im Alltag kennen. Doch wenn wir ihn und die Kraft seiner Auferstehung erkennen wollen, ist damit untrennbar die Gemeinschaft seiner Leiden verbunden, um so seinem Tode gleichgestaltet zu werden (Phil 3,10). In diesem Sinne muß das Leben Gottes gelebt werden, damit wir ihn besser begreifen lernen. Nur wenn wir selber durch Leiden hindurchgegangen sind, können wir Gott besser und vollkommener verstehen.»

Das Evangelium vom Reich Gottes

Hudson Taylor bedauerte es, daß zu seiner Zeit der Begriff des «Evangeliums vom Reich Gottes» selten gebraucht wurde oder dann höchstens als nichtssagende Redensart. Und doch, sagte er, enthalte die Bibel viele Wohltaten Gottes, deren sich die Menschen unter seiner Herrschaft erfreuten. Damit reagierte er vielleicht auf die heilszeitliche Auslegung, wonach Christi Lehre vom Reich Gottes sich erst auf ein künftiges Zeitalter beziehe.

«Laßt uns die große Wahrheit vom Reich Gottes hochhalten, darüber nachsinnen und danach handeln! Das Neue wie das Alte Testament bezeugen sie in großer Fülle. Bei der Ankündigung von Jesu Geburt sagte der Engel: ‹Gott der Herr wird ihm den Thron seines Vaters David geben, und er wird König sein über das Haus Jakob in Ewigkeit, und sein Reich wird kein Ende haben› (Lk 1,32–33). Gegenüber Pilatus bezeugte der Herr selber: ‹Mein Reich ist nicht von dieser Welt.› Und auf dessen Frage: ‹So bist du dennoch ein König?› antwortete Jesus: ‹Du sagst es… Ich bin dazu geboren› (Joh 18,36–37).

Geboren, um zu regieren – so handelte und diente er auch während seines ganzen Lebens. Als König forderte er die Jünger gebieterisch auf, ihm nachzufolgen, ihre Arbeit und ihren Besitz zu verlassen. Als König erließ er in seiner Bergpredigt das Grundgesetz des Reiches Gottes. Als König sandte er seine Botschafter aus, um das Evangelium vom Reich Gottes zu verkünden. Hoheitsvoll bezeugte er vor seinem Opfertod sein Königtum, das die angebrachte Tafel am Kreuz oben verkündete, und er wurde auferweckt als Erstgeborener und Retter.»

An Gottes Treue festhalten

In diesen letzten Jahren des zwanzigsten Jahrhunderts betrachten viele Leute den Glauben als etwas Einfältiges, als Ausdruck eines unkritischen Geistes, mithin als eine gänzlich unpassende Einstellung für «mündige» Männer und Frauen. Aus biblischer Sicht dagegen ist der Glaube ein Schritt aus der Dunkelheit ins Licht und in die Wahrheit hinein.

Jesus sagte zu den Jüngern: «Habt Glauben an Gott!» und fuhr dann fort: «Wer zu diesem Berge spräche: Heb dich und wirf dich ins Meer! und zweifelte nicht in seinem Herzen, sondern glaubte, daß geschehen werde, was er sagt, so wird's ihm geschehen» (Mk 11,22). Aufgrund des Urtextes und eines Vergleichs mit Parallelstellen sagte Hudson Taylor gerne in Anlehnung an diese Bibelstelle: «Haltet an Gottes Treue fest.»

Römer 3,3 in der King-James-Version kommentierend, schrieb Hudson Taylor: «Gottes Glaube (the faith of God) bedeutet zweifellos seine Treue (God's faithfulness)», und so übersetzte dann auch ein Jahrhundert später die New International Version (Luther, Zürcher und andere übersetzen in Röm 3,3 «Gottes Treue», in Vers 4 dagegen, wo bei den meisten «Gott ist wahrhaftig, wahrhaft oder treu» steht, lesen Wilckens sowie die Neue Genfer Übersetzung: «Gott ist zuverlässig»).

Aufgrund einer Diskussion über Mk 11,22 schrieb Taylor im Blick auf die praktische Anwendung in einer Fußnote folgendes: «Das in Mt 21,26 mit ‹halten› übersetzte griechische Verb kommt ebenso in Mk 11,32 vor: ‹… sie hielten alle Johannes für einen Propheten.› Hingegen in der weiteren Parallelstelle Lk 20,6 ist das Volk ‹überzeugt›, daß er ein Prophet ist, womit die eigentliche Meinung klar wird. Wir wollen in der Theorie Gott für treu *halten*, im täglichen Leben darauf *zählen,* und ebenso und zu allen Zeiten und unter allen Umständen wollen wir von dieser segenbringenden Wahrheit *überzeugt* sein.»

Kurz, klar und auf den Punkt gebracht

Hudson Taylor glaubte, daß für ihn und viele andere Christen die vier Worte «an Gottes Treue festhalten» in ein ermutigendes Glaubensbekenntnis münden: «kurz, einsichtig und auf den Punkt gebracht.» Es dient allen, unabhängig von Lebenslage, Alter und Land.

Auf Gottes Treue sollten wir bauen im Blick auf die notwendige Nahrung – «unser tägliches Brot gib uns heute» – und auch wenn es um unsere Kleider geht, weil er die Lilien auf dem Feld kleidet. Jedes Anliegen für weltliche Dinge sollten wir vor ihn bringen und es dann ihm überlassen. Desgleichen sollten wir ihm alle unsere geistlichen Anliegen unterbreiten, «damit er uns gnädig und barmherzig ist in Zeiten der Not». Wandeln wir im Dunkeln? Er ist unsere Sonne. Sind wir in Gefahr? Er ist unser Schutz. Wenn wir ihm vertrauen, wird er uns nicht beschämen, wohl aber, wenn unser Glaube aufhört. «Sind wir untreu, so bleibt er gleichwohl treu; denn er kann sich selbst nicht verleugnen» (2. Tim 2,13).

«Im Mangel an Vertrauen wurzeln fast alle unsere Sünden und alle unsere Schwachheit; und wie sollen wir dem entkommen, es sei denn, wir schauen auf ihn und auf seine Zuverlässigkeit? So wie das Licht auf dem dunklen Wasser des Sees die Spiegelung der Sonne ist, so ist des Menschen Glaube Ausdruck und Widerschein von Gottes Treue. Wer Gottes Glauben bewahrt, wird weder unbekümmert noch dumm sein, sondern stets bereit für jeden Notfall. Wer Gott vertraut, wird es wagen, ihm in allem zu gehorchen, wie unklug es auch immer scheinen mag.»

So wie Männer und Frauen ein Glaubensbekenntnis brauchen, warnte Hudson Taylor, so hat auch Satan eines, nämlich: «Zweifelt an Gottes Treue. Ja, sollte Gott etwa gesagt haben … ? Das kann doch Gott nicht gemeint haben! Deine Ansicht ist sehr extrem, du nimmst das zu wörtlich.» Immer sind es dieselben Argumente, und stets verfangen sie, wenn es darum geht, jemanden vom vertrauensvollen Glauben, von seiner aufrichtigen Hingabe an Gott abzubringen. Alle hervorragenden Gestalten der Bibel waren schwache Menschen, die Großes vollbrachten, weil sie darauf vertrauten, daß Gott mit ihnen war.

Was ist Glaube?

Hudson Taylor glaubte, daß viele Christen, er eingeschlossen, eine große, durchaus unnötige Unsicherheit im Glauben spüren. «Was ist Glaube? Ist er nicht einfach die Anerkennung der Zuverlässigkeit und Vertrauenswürdigkeit jener, mit denen wir zu tun haben?

Warum vertrauen wir einer staatlichen Obligation? Weil wir eben an die Zuverlässigkeit des Staates glauben und ohne zu zögern seinen Sicherheiten vertrauen. Warum setzen wir, ohne zu zögern, Silbermünzen in Umlauf, deren Silbergehalt wir nicht wie in China auf der Waage nachprüfen (was damals dort üblich war)? Ganz einfach, weil wir dem Staat und seinen Münzen ohne weiteres vertrauen. Warum buchen wir unsere internationalen Reisen oft über Monate hinweg anhand eines Fahrplans? Weil wir doch darauf vertrauen, daß die offiziellen Kursangaben zuverlässig sind. Und in der Regel werden wir nicht enttäuscht!

Im gleichen Sinn sollen wir auch unsere Bibel benützen. Wir müssen uns ebenso auf Gottes Wort verlassen, wie wir uns auf der Menschen Wort verlassen, allerdings mit der Einschränkung, daß ein Mensch nicht in der Lage sein könnte, sein Versprechen zu halten. Gott hingegen wird sein Wort immer halten. Wir müssen uns darin üben, Gott ebenso zu vertrauen, wie wir einander vertrauen. Ohne gegenseitiges Vertrauen wären Geschäftsleben und Welthandel unmöglich. Und ebenso ist das Vertrauen in Gott unerläßlich.

Der Glaube hat zwei Seiten: die eine ist Gott zugewandt, die andere den Menschen. Sobald wir Gottes Zuverlässigkeit voll erkannt haben, werden wir in der Lage sein, ruhig zu bleiben, im Glauben und im Vertrauen darauf, daß er sein Wort erfüllen wird.»

4 Gottes Werk, nach Gottes Willen getan…

LEKTIONEN 31 bis 39

31. Wenn wir uns besser von Jesu Anweisungen und Zusagen leiten ließen, würden wir sie heute als ebenso anwendbar erfahren, wie sie es damals waren, als sie den Jüngern gegeben wurden.
32. Die China-Inland-Mission (CIM) rief nicht zu Spenden auf, weil sie sorgsam darauf bedacht war, den etablierten Missionsgesellschaften keine Mittel zu entziehen.
33. Hudson Taylor wandte sich weder abwertend gegen die Finanzierungs-Grundsätze anderer Missionen, noch behauptete er, seine seien besser oder biblischer als jene.
34. Wenn die Leute Gottes Wirken sehen, wenn Gott verherrlicht wird, wenn die Gläubigen an Heiligkeit zunehmen, glücklicher werden und ihm näher kommen, dann muß man sie nicht erst um ihre Spende bitten.
35. Der Grundsatz: «Keine Spendenaufrufe» befreit die Missionare und Missionarinnen vom besorgten Blick auf das finanzielle Ergebnis, wenn sie an einer Missions-Veranstaltung berichten.
36. Der Christen Aufgabe ist es, «zuerst nach dem Reich Gottes und seiner Gerechtigkeit zu trachten» (Mt 6,33), dann werden ihnen alle Dinge, die sie benötigen, zufallen.
37. Will man hinsichtlich Kostendeckung aufs Gebet vertrauen, ist man genötigt, Gottes Wort ernst zu nehmen, so beispielsweise: «Wenn ich Unrechtes vorgehabt hätte in meinem Herzen, so

hätte der Herr nicht gehört» (Ps 66,18), oder: «Er wird kein Gutes mangeln lassen den Frommen» (Ps 84,12b).

38. Wer ein christliches Werk leitet, das nie Geldsammlungen durchführt, muß regelmäßig prüfen, ob nicht irgendein Bereich der Arbeit Gottes Segen und Versorgung hindert.

39. Gottes Werk, nach Gottes Willen getan, läßt niemals seine Hilfe missen.

Nur auf Gott sehen

Hudson Taylor glaubte fest daran, Gott werde ihn und die von ihm gegründete Mission versorgen. Davon war er überzeugt, und zwar schon bald nach seiner Bekehrung.

Im Jahre 1849 vernahm er, der Gemeindepfarrer in Barnsley besitze ein Buch über China. Das wollte er sich wenn möglich von ihm leihen.

«Gewiß leihe ich Ihnen das Buch», sagte der Pfarrer, «aber darf ich fragen, was Sie daran besonders interessiert?»

«Gott hat mich nach China gerufen, damit ich dort mein Leben im missionarischen Dienst verbringe», antwortete Hudson Taylor.

«Und wie beabsichtigen Sie dorthin zu gehen?»

«Ich weiß es nicht, denke aber, ich werde wahrscheinlich so gehen müssen wie damals die zwölf und die siebzig Jünger in Judäa, ohne Stab, ohne Tasche, ohne Brot, ohne Geld – allein dem vertrauend, der sie gesandt hatte, daß er sie auch mit allem Nötigen versorgen werde.»

Freundlich legte der Pfarrer seine Hand auf Hudsons Schulter. «Ach, mein Junge», sagte er, «wenn Sie älter sind, werden Sie klüger sein als jetzt. Solch eine Idee wäre in jenen Tagen, als Christus auf der Erde lebte, sehr gut gewesen, aber nicht heute.»

Viele Jahre später erinnerte Taylor sich dieser Begebenheit und schrieb: «Seither bin ich älter geworden, aber nicht klüger. Wenn wir uns ganz von Jesu Anweisungen und Zusagen leiten ließen, würden wir sie heute als ebenso anwendbar erfahren, wie sie es damals waren, als sie den Jüngern gegeben wurden; davon ich bin mehr und mehr überzeugt.»

Niemanden um Geld angehen

Hudson Taylor war sorgsam darauf bedacht, keine Mittel von den etablierten Missions-Gesellschaften abzuzweigen. Das war einer der Gründe, warum die China-Inland-Mission (CIM) nicht zu

Spenden aufrief. Wie Georg Müller[5], der sein guter Freund und Gönner wurde, wandte er sich weder abwertend gegen die Finanzierungs-Grundsätze anderer Missionen, noch behauptete er, seine seien besser oder biblischer als jene.

Hudson Taylor glaubte, «wenn es in unseren Herzen stimmt, dann dürfen wir darauf vertrauen, daß der durch uns wirkende Heilige Geist andere in eine tiefere Gemeinschaft mit Gott bringt, so wie es an Pfingsten erstmals geschah. Wir brauchen keineswegs viel über die CIM zu sagen. Wir wollen den Leuten nur Gottes Wirken zeigen; *er* soll verherrlicht werden. Die Gläubigen sollen heiliger werden, glücklicher, und Gott näher kommen. Dann muß man sie nicht erst um ihre Spende bitten.»

In seinem Buch *From Faith to Faith* zieht Daniel Bacon den Schluß, mit dem Verzicht auf Geldsammlungen hätten bis zu einem gewissen Grad großherzige Spender, die dieser Grundsatz überzeugte, zu großzügigen Gaben ermutigt werden sollen. Taylor sah darin auch einen Weg, seine Mitarbeiter bei Missionsveranstaltungen und -gottesdiensten vom besorgten Blick auf das Ergebnis der Kollekte zu befreien. Er schrieb: «Die Missionare sind dann im Innersten frei und eher mit Gott beschäftigt als mit Menschen und lieber aufs Geben anstatt aufs Nehmen ausgerichtet.»

Auch keine Kollekten

An verschiedenen Veranstaltungen griff Hudson Taylor jeweils ein und lehnte die Kollekte ab, zu der ein wohlmeinender Vorsitzender aufrufen wollte.

So beispielsweise im Mai 1866, als er in Totteridge, im Norden von London, sprach. In der Ankündigung dieser Veranstaltung hieß es: «Keine Kollekte». Doch nachdem Taylor gesprochen hatte, versuchte der Vorsitzende, Oberst Puget, sich darüber hinwegzusetzen.

---

[5] Georg Müller (1805–98) erhielt in Bristol von einer Witwe zweieinhalb Schilling mit der Bemerkung: «Im Namen des Herrn Jesus, gründen Sie ein Waisenhaus.» Im Geiste solchen Gottvertrauens entstanden in den Jahren 1845–70 fünf Waisenhäuser. Sein großes Werk der Nächstenliebe lebt in den Waisenhäusern auf Ashley Down fort. (Roger Steer, «Georg Müller – Vertraut mit Gott», Bielefeld 1995.)

«Ich habe das Gefühl, viele wären enttäuscht, wenn ihnen jetzt nicht Gelegenheit geboten würde, ihren Beitrag an das Werk in China zu leisten. So glaube ich, Herr Taylor wird sich darum einer Kollekte gewiß nicht widersetzen.»

Doch Hudson Taylor schnellte empor. «Herr Vorsitzender, ich bitte Sie, die Bedingung, der Sie zustimmten, einzuhalten. Bei den Überlegungen, die zum Verzicht auf Kollekten führen, fällt gerade Ihre Begründung am meisten ins Gewicht. Es entspricht keineswegs meinem Wunsch, daß die Zuhörer jetzt, unter dem Einfluß einer Gemütsbewegung, zu ihrer Erleichterung etwas spenden. Sie sollen vielmehr mit Chinas großer Not belastet nach Hause gehen, um dort nachdenkend und betend Gott zu fragen, was er von ihnen will und wie sie reagieren sollen. Wenn sie dann zum Schluß kommen, daß er von ihnen eine Geldspende für China möchte, dann können sie diese einer beliebigen in China tätigen Mission zukommen lassen oder an unseren Sitz in London überweisen.

Aber in vielen Fällen geht es Gott *nicht* um einen finanziellen Beitrag, sondern um die persönliche Hingabe an seine Sache in einem andern Land oder um das Loslassen eines Sohnes oder einer Tochter, der oder die in seinen Dienst treten möchte. Und das ist wertvoller als Silber und Gold. Eine Kollekte, so denke ich, nährt die Vorstellung, das Allerwichtigste sei das Geld. Aber keine Spende, wie groß sie auch sei, kann einen Menschen zu Gott führen. Notwendig sind vielmehr vom Heiligen Geist erfüllte Männer und Frauen, die sich dieser Arbeit widmen. Die erforderlichen Mittel für ihren Unterhalt werden nie ausbleiben.»

Nur widerstrebend verzichtete Oberst Puget auf die Kollekte. Hudson Taylor übernachtete bei ihm. Am andern Morgen erschien der Oberst verspätet zum Frühstück. Er habe keine gute Nacht gehabt, gestand er.

«Hier ist der Beitrag für Ihre Arbeit, der mir vergangene Nacht ausgehändigt wurde. Als es gestern abend um die Kollekte ging, dachte ich, Sie irrten sich. Heute bin ich überzeugt, daß Sie recht hatten. Als ich während der Nacht Ströme von Seelen in der Dunkelheit verschwinden sah, konnte ich nur noch, wie Sie sagten, rufen: ‹Herr, was willst du, daß *ich* tue?› Ich denke, diese Führung wurde mir gewährt – hier ist das Ergebnis.» Er übergab

Hudson Taylor einen Scheck über fünfhundert englische Pfund (nach heutigem Wert über zehntausend englische Pfund, etwa 22 000.– Franken oder 26 000.– Mark). «Bei einer Kollekte hätte ich wahrscheinlich einige wenige Pfund gegeben.»

Mehr als zwanzig Jahre später spielte sich dasselbe im Saal des CVJM in Chicago, USA, ab. Es war im September 1888, und Vorsitzender war D. L. Moody, der international bekannte Evangelist. Als Hudson Taylor sich wiederum mit gleicher Begründung gegen die vorgeschlagene Kollekte gewandt hatte, gab Moody nach und sagte: «Noch nie zuvor bin ich einem Mann begegnet, der eine gute Kollekte ablehnte.»

Auch dieser Vorfall hatte ein Nachspiel. Erfreut über die in seiner Brieftasche verbliebene, für die Kollekte vorgesehene Zwanzigpfundnote verließ ein christlicher Geschäftsmann die Versammlung. Doch nach einer schlaflosen Nacht voller Gewissensbisse sandte er am Morgen einen Scheck über fünfhundert Dollar für die Evangelisation von Chinas Inland.

Ein gewagtes Experiment

1887 war die CIM zweiundzwanzig Jahre alt. In seinem Rückblick sah Taylor in Gottes Treue bei der Versorgung der Mission nichts anderes als die Antwort auf das Gebet. Dabei war ihm bewußt, daß manche Leute «dieses alleinige Vertrauen auf Gott als ein gewagtes Experiment betrachten, wenn es darum geht, Evangelisten in weit entfernte unerreichte Länder zu senden».

Aber in *China's Spiritual Need and Claims* erzählte er, wie Gott auf Gebet hin den heftigen Sturm besänftigte, die Windrichtung drehte und es inmitten einer langen Dürre regnen ließ, wie Gott die mörderischen Absichten gewalttätiger Männer zunichte gemacht hatte und so den feindlichen Anschlag auf sein Volk vereitelte. Er hatte es auch erlebt, wie der Sterbenskranke, als alle menschliche Hilfe vergeblich war, sich nach der Fürbitte vom Totenbett erhob.

Während mehr als 27 Jahren hatte er Gottes Treue erfahren, sowohl hinsichtlich Finanzierung seiner eigenen Bedürfnisse als auch jener seines Werks, für das er sich einsetzte. Er hatte es erlebt, wie Gott Gebete erhörte, indem er die Zahl der Mitarbeiter erhöhte – nicht wenige für sein unermeßliches Missionsfeld –, und wie er dann für ihre Ausstattung, für die Überfahrt und ihren Unterhalt sorgte und schließlich ihren Einsatz sowohl unter den einheimischen Christen als auch unter den unerreichten Chinesen in vierzehn von achtzehn Provinzen segnete.

Der große Schatzmeister versagt nie

Der chinesisch-japanische Krieg von 1894/95 löste eine dramatische Steuererhöhung sowie eine Inflation aus. «Das hat uns in einige Verlegenheit gebracht», notierte Hudson Taylor. «Wo immer für das begonnene Werk Mittel aus einem vorhandenen Fonds eingesetzt werden, hat dieser nun einen anderen Wert, noch bevor die Aufgabe erfüllt ist.

Ich brauche wohl kaum zu sagen, daß wir in allen diesen Fällen beim großen Schatzmeister, unserem Herrn, Zuflucht gesucht haben. Und er hat uns nicht im Stich gelassen und wird es auch nie tun, obwohl die Kosten der Lebenshaltung in China beträchtlich steigen und ebenso die Zahl der zu Versorgenden. Die weitreichenden Möglichkeiten unseres großen Gottes sind unvermindert vorhanden. Wir verlassen uns darauf, in der Gewißheit, daß sein Wort heute ebenso wahr ist, wie es schon immer war. Unsere Aufgabe ist es, zuerst nach dem Reich Gottes und nach seiner Gerechtigkeit zu trachten, dann wird uns dies alles zufallen.»

Wie schlecht waren die harten Zeiten?

Gewiß, die CIM ging durch Zeiten der finanziellen Knappheit. So hatte beispielsweise der Glaube der Mission 1874/75 eine harte Probe zu bestehen, als um achtzehn neue Missionare gebetet wurde; ebenso, als es 1882 um siebzig neue Missionare ging, und 1892 ein weiteres Mal, als die Spenden wegen eines Gerüchts zurückgingen, bei der CIM herrsche ein interner Streit im Blick auf die Führung der Mission.

Wie ernsthaft waren diese Zeiten der Knappheit, und worin bestand der Härtetest? Eine Spenderin, die durchaus zutreffend Mrs. Rich hieß, schrieb, sie hätte gerüchteweise vernommen, CIM-Missionare seien oft so arm, daß sie ihre Arbeit aufgeben müßten, um eine weltliche Anstellung anzunehmen.

Hudson Taylor antwortete unverzüglich, wobei er Mrs. Rich bat, seine Antwort an ihren Informanten weiterzuleiten. «Er ist völlig falsch informiert... Ich glaube nicht, daß ein Kind oder sonst ein Mitglied irgendeiner Familie, die mit unserer Mission verbunden ist, je an einem Mangel an Nahrung oder Kleidung auch nur während einer Stunde leiden mußte, auch wenn in vielen Fällen der Nachschub nicht eingetroffen sein mag, *bevor* er benötigt wurde. Meines Wissens ist bis jetzt *niemand* mangels Geld bei seiner Arbeit gehindert worden, und ebensowenig hat jemand deswegen gesundheitlich gelitten. Soviel ich weiß, hat weder jemand aus einem solchen Grund die Mission verlassen, noch ist jemand bei dieser Regelung unzufrieden gewesen...» Er räumte indessen ein, daß es «knappe Zeiten» gegeben habe. Doch das habe dann die Chinesen veranlaßt, selber Geld zur Verbreitung des Evangeliums zu spenden, anstatt zu denken, das sei einzig und allein Sache der reichen Gemeinden. Zudem legte er dar, warum verschiedene Mitarbeiter die Mission verlassen hatten oder entlassen worden waren, wobei in keinem Fall finanzielle Gründe im Spiel waren. Daraufhin hielt Mrs. Rich ihre Unterstützung aufrecht.

Die Tatsache, daß Hudson Taylor von seinen Mitmissionaren stets loyal unterstützt wurde – oft bis zu ihrem Tod in vorgerücktem Alter –, spricht nicht für eine übermäßige Härte der damaligen Lage, sondern für ein geeintes Team, das in den Schwierigkeiten wohl eher eine Glaubensprüfung sah als ein Ausbleiben von Gottes Versorgung.

Auf den lebendigen Gott sehen

Selbst als die Einnahmen mit den Ausgaben nur gerade Schritt halten konnten, hatte der vom Willen Gottes überzeugte Hudson Taylor noch immer den Ausbau des Werks im Auge. «Nicht vorantreiben», schrieb er, «würde heißen, seine ursprüngliche Glaubenshaltung aufzugeben und nur noch auf die Schwierigkeiten zu schauen anstatt auf den lebendigen Gott. Gewiß, die Geldmittel waren knapp, aber schon seit Jahren, und neue Mitarbeiter kamen wenige, obwohl in China mehrere in den Ruhestand traten. Angesichts der enormen Schwierigkeiten war es ein Leichtes zu sagen: ‹Das alles sind Zeichen, daß gegenwärtig keine Erweiterung möglich ist.› Aber nicht mehr vorwärtszugehen würde bedeuten, von Gott gegebene Gelegenheiten preiszugeben.»

Für Hudson Taylor wie für Georg Müller bildete der Entschluß, niemanden um Geld anzugehen, den Antrieb zu einer täglichen Prüfung des eigenen Lebens aufgrund von Bibelworten wie Psalm 66,18: «Wenn ich Unrechtes vorgehabt hätte in meinem Herzen, so hätte der Herr nicht gehört», oder Psalm 84,12b: «Der Herr versagt denen, die rechtschaffen sind, keine Gabe» (Einheitsübersetzung). Dabei vergewisserten sie sich auch, ob ihre Arbeit in keiner Hinsicht Gottes Segen und Versorgung hinderte. Daniel Bacon wies zu Recht darauf hin, daß Taylors ausgeprägter haushälterischer Sinn auf seinem Glauben beruhte, daß jede Gabe an die Mission das Ergebnis eines göttlichen Impulses sei.

Arbeiten mit Gott

In vielen von Hudson Taylors Schriften wird das betont, was er «Arbeiten mit Gott» nannte. Damit umschreibt er die beiden entscheidenden Grundelemente: Gottes Macht und unsere vertrauensvolle Antwort in der praktischen Arbeit. In diesem Zusammenhang hat er oft Philipper 4,6 zitiert: «Darum seid um nichts besorgt, sondern laßt in allem durch Gebet und Flehen mit Danksagung eure Anliegen vor Gott kundwerden!» (rev. Elberfelder).

«Steht die Arbeit unter Gottes Leitung, *dann*», so folgerte er, «können wir ihn vertrauensvoll um Mitarbeiter bitten. Und wenn Gott sie uns gibt, dann dürfen wir ihn auch um die Mittel bitten. Einen geeigneten Mitarbeiter nehmen wir immer an, ob uns nun die nötigen Mittel zur Verfügung stehen oder nicht. Wir sagen dann oft: ‹Lieber Freund, deine erste Aufgabe besteht nun darin, mit uns um das nötige Geld zu beten, damit wir dich nach China senden können.› Sind genügend Mittel vorhanden, die Jahreszeit sowie die übrigen Umstände gegeben, dann reist dieser Freund aus. Wir warten nicht auf eine Zahlungsgutschrift, die wir ihm in die Hand geben könnten. Dafür sorgt der Herr.

Unser Vater … ernährte während vierzig Jahren drei Millionen Israeliten in der Wüste. Wir erwarten nicht, daß er drei Millionen

Missionare nach China sendet; aber wenn er es täte, verfügte er über genügend Mittel, um sie alle zu ernähren. Wir wollen immer Gott vor Augen haben, uns an seine Wege halten und danach trachten, ihm zu gefallen und ihn in allem zu verherrlichen. Verlaßt euch darauf: Gottes Werk, nach Gottes Willen getan, läßt seine Hilfe niemals missen.

Und wenn sie ausbleibt, dann ist es Zeit, um nachzuforschen, was falsch ist. Es mag bloß eine vorübergehende Glaubensprüfung sein; doch im Glauben wird diese Schwierigkeit getragen, und wenn nicht, dann ist es gut, wenn wir uns nicht täuschen. Mit Geld in der Tasche und Nahrung im Schrank ist es sehr leicht zu denken, ich glaube an Gott. Miss Havergal sagt: ‹Jene, die ihm voll vertrauen, erfahren ihn als ganz treu.› Aber meine Erfahrung beweist, daß er auch gegenüber jenen, die ihm nicht ganz vertrauen, sein Wort nicht bricht, ‹denn er kann sich selbst nicht verleugnen› (2. Tim 2,13).»

Hudson Taylor argumentierte, daß nur schon die Existenz der CIM ein sichtbarer Beweis von Gottes Treue hinsichtlich der Erhörung von Gebeten sei. «Die Mission wurde auf Gebet hin geboren, sie ist dank Gebetserhörungen ernährt worden, und in diesem Glauben lebt sie noch immer Monat für Monat allein aus dem, was dank Gebeten für ihren Unterhalt eingeht.

Im Blick auf die Finanzen begriffen wir schon vor langem, daß uns der Herr aufgrund seines Wortes: ‹Trachtet zuerst nach dem Reich Gottes und nach seiner Gerechtigkeit, so wird euch alles das zufallen› (Mt 6,33) beauftragt hat, in seinem Werk vorwärts zu gehen. Nach wie vor stützen wir uns – ohne jede Enttäuschung – auf seine Zusage. Wir veröffentlichen keine Namen von Spendern, verzichten auf Kollekten, verfügen über keine Reserven, machen keine Schulden. Wie schon am Anfang bewegen wir uns oft auf dünnem Eis. Haben wir nicht Grund genug, um Gott zu loben?»

Einfach wie ein Kind vertrauen

Als Hudson Taylor im Frühling 1897 im Salon der Baronin von Dungern in Berlin mit den führenden deutschen Pfarrern und Missionssekretären zusammentraf, waren viele von ihnen hinsichtlich seiner Mission und der damit verbundenen Vorstellung, bei der Mittelbeschaffung nur auf den Glauben zu vertrauen, sehr skeptisch. Ihren zeitweise unfreundlichen Fragen begegnete er mit entwaffnender Bescheidenheit.

«Ich bin nicht besonders begabt», sagte er, «und von schüchterner Natur. Aber mein gnädiger und barmherziger Gott nahm sich meiner an, als ich noch jung war, und stärkte mich, als ich im Glauben schwach war. Er lehrte mich in meiner Hilflosigkeit, ihm zu vertrauen und um kleine Dinge zu beten, bei denen sich vermutlich ein anderer ohne weiteres selber geholfen hätte ... Er kannte das Verlangen meines Herzens; einfach vertrauend wie ein Kind brachte ich alles im Gebet vor ihn. So erfuhr ich schon sehr früh seine Bereitschaft zu helfen, zu stärken und das Verlangen jener zu erfüllen, die ihn fürchten. Und so ist in den späteren Jahren dann auch das Geld gekommen, um das ich gebetet hatte.»

Der Weg zum wahren Erfolg

Hudson Taylor sagte, von Psalm 1 sei ihm der Vers 3 zu einer der bedeutendsten und umfassendsten Zusagen der Bibel geworden. Der Mann, der Freude hat am Gesetz des Herrn, wird beschrieben als ein Baum, der an Wasserbächen gepflanzt ist, der zur rechten Zeit Frucht bringt und dessen Blätter nicht welken. «Und was er tut, das gerät ihm wohl.»

«Wenn wir den Fernstehenden einen weltlichen Plan vorlegten, der ihnen den Erfolg ihrer Unternehmungen gewährleistete, wie begierig würden sie ihn befolgen! Wenn Gott aber seinen eigenen Leuten einen so wirksamen Plan anbietet – wie wenige machen dann davon Gebrauch!

Viele versagen auf der negativen Seite: Sie schaffen es nicht, sich gänzlich von der Welt loszusagen. Andere versagen im positiven Sinne und lassen sich von anderen Pflichten und Beschäftigungen gefangennehmen, anstatt ihre Zeit dem Wort Gottes zu widmen. Für einige ist es alles andere als leicht, die tägliche Zeit für die morgendliche Stille sicherzustellen. Aber nichts kann diesen Verlust wettmachen.

Und nun zu den Segnungen:

1. *Stabilität*: ‹Er wird sein wie ein Baum›, das heißt stetig wachsen (nicht nur während eines Jahres) und an Fruchtbarkeit zunehmen.

2. *Unabhängige Versorgung*: ‹Gepflanzt an den Wasserbächen.› Regen und Tau mögen ausfallen, nicht aber die Versorgung aus der Tiefe.

3. *Fruchtbarkeit*: Damit ist etwas sehr Schönes ausgedrückt. Das Bild meint nicht Wasser, das durch eine Rinne fließt, sondern Frucht, das Sinnbild für unser verwandeltes Leben – ein Leben in Verbindung mit Christus. Gott will in seiner Güte nicht einfach mechanisch durch uns arbeiten, sondern uns zu Reben des wahren Weinstocks werden lassen, wodurch die Frucht entsteht.

   Zwischen Frucht und Arbeit besteht ein grundlegender Unterschied. Arbeit ist das Ergebnis von Anstrengung; Frucht entsteht aus Leben. Ein schlechter Mensch kann gute Arbeit leisten, aber ein schlechter Trieb zeitigt keine Frucht. Das Ergebnis der Arbeit kann sich nicht vermehren, die Frucht hingegen enthält alles, was sie benötigt, in sich selbst. Die Schrift spricht bezeichnenderweise *nicht von den Früchten* des Geistes, als ob wir unter den genannten Früchten wählen könnten. Die Rede ist *nur von Frucht*, die aus einem reichen Büschel von Liebe, Freude, Friede, Langmut usw. besteht. Welch ein Segen, solche Frucht zu seiner Zeit hervorzubringen!

4. *Anhaltende Lebenskraft*: ‹Und seine Blätter welken nicht.› In unserem Klima sind viele Bäume in der Lage, den Winter zu überleben, verlieren aber ihre Blätter. Das winterfeste Immergrün trotzt dem Winter, behält seine Blätter und fällt in der laublosen Umgebung besonders auf. Das ihm innewohnende Leben ist zu stark, um die kürzer werdenden Tage und den kalten Wind mit dem wirbelnden Schnee fürchten zu müssen. So ergeht es auch dem Menschen, der aus der Gemeinschaft mit Gott lebt. Nur die Not bringt Kraft und Echtheit des inneren Lebens hervor.

   Das Laub des Baumes ist nicht bloß ein Schmuck. Wenn die

Wurzeln das Bild für die empfangende Kraft sind, so versinnbildlichen die Blätter die Gnade des Gebens und der Läuterung. Der dünne stimulierende Saft, der aus der Wurzel kommt, könnte nicht selber den Baum aufbauen. Durch das Blatt nimmt der Baum Kohlendioxid aus der Luft auf und wandelt es in Nährstoff um. Auf diese Nahrung ist selbst die feinste Wurzel ebenso angewiesen wie die Blätter auf den Saft, der aus den Wurzeln aufsteigt. Beraube einen Baum seiner Blätter, und er wird bestimmt absterben. ‹Und seine Blätter verwelken nicht.›

5. *Gleichförmiges Gedeihen*: ‹Und was er macht, gerät ihm wohl.› Könnte irgendeine Zusage nicht darunter fallen? Ein Kind Gottes hat den Vorzug, daß es in allem Gottes Hand zu sehen vermag und ihm in allen seinen Beschäftigungen und Pflichten dient. Und wer sich in allem als Gottes Diener erkennt, kann auch in allem auf Gottes Hilfe zählen.

Aber dieses Gedeihen wird nicht immer offenkundig sein, sondern nur im Glauben wahrgenommen werden. Zweifellos, die Legionen der Hölle jubelten, als sie den ans Fluchholz genagelten Herrn sahen. Doch wir wissen, daß unser Herr nie erfolgreicher war als am Kreuz, wo er leidend und sterbend sein Erlösungswerk vollendete. Der Weg zum wahren Reichtum verläuft oft durch tiefstes Leiden; wie könnte sich da ein Nachfolger Christi mit dem Weg, den sein Herr gegangen ist, nicht auch zufriedengeben?»

5 Geheiligtes Leben

LEKTIONEN 40 bis 63

40. Christen sollten nicht das kleinste von Gottes (sittlichen) Geboten auflösen (Mt 5,17–19).
41. Christen sollten keine unreinen Gedanken dulden.
42. Jesus ermutigte seine Nachfolger, den himmlischen Vater nachzuahmen.
43. Wir sind aufgerufen, vollkommene Christen zu sein, und zwar nicht nur dann, wenn andere es sehen. Gott läßt auch in der Einsamkeit der Wüste Blumen blühen.
44. Nach Heiligung zu streben, mag letztlich besser sein, als sich mit dürftigen Ergebnissen zufriedenzugeben, aber das ist nicht der beste Weg.
45. Am heiligsten ist, wer Christus am meisten Raum in sich gewährt.
46. Christus und die Sünde wohnen nicht unter dem gleichen Dach.
47. In Christus leben ist mit keiner bewußten Sünde vereinbar.
48. Sünde, auch wenn sie vergeben ist, kann nie ungeschehen gemacht werden. Sie ist ausgestreute Saat, und die Folgen bleiben.
49. Gott wird jede Tat ins Gericht bringen: Wir alle müssen vor dem Richterstuhl Christi erscheinen.
50. Die Saat geht bereits in diesem Leben auf.

51. Für unsere Heiligung müssen wir uns Zeit nehmen.

52. So wie uns das geschriebene Wort nährt, so nähren wir uns auch aus dem lebendigen Christus.

53. In Christus leben und sich aus seinem Wort nähren führt zu einem christusähnlichen Wandel.

54. Der Vers Joh 15,7: «Wer in mir bleibt und ich in ihm, der bringt viel Frucht; denn ohne mich könnt ihr nichts tun» zeigt eine wichtige Verbindung zwischen der völligen Vertrautheit mit Gottes Wort und wirksamem Gebet.

55. Es werden nur Gebete beantwortet, die im Einklang mit Gottes Willen stehen.

56. Alle Macht steht in Gottes Hand.

57. Christen sind vom Übernatürlichen geprägte Menschen, wiedergeboren durch eine geistliche Geburt, getragen von einer übernatürlichen Kraft, versorgt mit geistlicher Nahrung und unterrichtet von einem übernatürlichen Lehrer anhand eines übernatürlichen Buches.

58. Die Kraft ist keine Gabe des Heiligen Geistes; er selbst ist die Kraft.

59. Der Heilige Geist ist auch heute empfangbar, und er wirkt ebenso mächtig wie damals an Pfingsten.

60. Geistige Kraft bewirkt mehr als harte Arbeit, Methodiken und Hilfsmittel, so notwendig diese auch sind.

61. Es besteht die Gefahr, den Methodiken, dem Betrieb sowie der schnellen und erfolgreichen Lösung von Aufgaben zuviel Aufmerksamkeit zu schenken und dabei die Quelle der Kraft zu vernachlässigen.

62. Wir sollten unsere Aufmerksamkeit Jesu Worten in Johannes 7,37–39 zuwenden und die Verbindung mit ihm aufrechterhalten, indem wir an den Heiligen Geist glauben und von ihm als dem lebendigen Wasser trinken – nicht ein für allemal, sondern regelmäßig.

63. Gott gibt seinen Geist weder denen, die ihn darum bitten, noch denen, die sich danach sehnen, und auch nicht denen, die stets von ihm erfüllt sein möchten. Er gibt den Heiligen Geist «denen, die ihm gehorchen» (Apg 5,32).

«Ihr sollt heilig sein, denn ich bin heilig»

Der Apostel Petrus schrieb: «Wie der, der euch berufen hat, heilig ist, sollt auch ihr heilig sein in eurem ganzen Wandel. Denn es steht geschrieben (3. Mose 19,2): ‹Ihr sollt heilig sein, denn ich bin heilig›» (1. Petr 1,15–16).

Hudson Taylor wuchs in der Tradition von Wesley auf. Die Familien väterlicher- und mütterlicherseits waren Methodisten. Als Kind fesselten ihn die Geschichten aus der Zeit, als sein Urgroßvater James Taylor den berühmten John Wesley als Gast beherbergte, der im Juni 1786 im Alter von zweiundachtzig Jahren bei ihm in Barnsley geweilt hatte.

Wenige Monate nach seiner Bekehrung kam für Hudson eine schwierige Zeit. Beten war ihm zu mühselig und das Lesen der Bibel zu langweilig. Was ihm dann aber half, war ein Beitrag im *Wesleyan Magazine* über «Die Anmut der Heiligung», der reine Güte unwiderstehlich anziehend erscheinen ließ. Beim Beten sagte Hudson zu Gott: «Mein Herz sehnt sich nach dieser vollkommenen Heiligkeit.» Und seiner Schwester schrieb er: «Ich trachte nach gänzlicher Heiligung.»

Ist Vollkommenheit möglich?

In einer Meditation über Matthäus 5,48: «Darum sollt ihr vollkommen sein, wie euer Vater im Himmel vollkommen ist» schrieb Hudson Taylor: «Wir sollen das Salz der Erde sein wie auch das Licht der Welt und nicht das kleinste Gebot übertreten; wir sollen weder Zorn aufkommen lassen noch Gedanken der Unreinheit dulden, auch keine vorschnellen Versprechen abgeben; und unsere Rede sei ja oder nein. Dem Gedanken an Vergeltung soll widerstanden werden; bereitwilliges Nachgeben ist ein Kennzeichen des Kindes Gottes. Diejenigen, die uns hassen und beleidigen, sind zu bedauern; für sie sollen wir beten. In den kleinen Konflikten des Alltags wie auch in den ernsthafteren Anfechtungen und Verfolgungen, denen Christen ausgesetzt sind, haben sie sich als Nachahmer ihres himmlischen Vaters zu erweisen.

Gottes Vollkommenheit ist absolut, unsere dagegen nur relativ. Eine Nadel mag perfekt sein und in jeder Beziehung geeignet für den vorgesehenen Verwendungszweck ..., (aber) in der Vergrößerung (unter dem Mikroskop) wird sie zum Feuerhaken, dessen großporige Oberfläche an Bienenwaben erinnert. Gleichermaßen sind wir weder als vollkommene Engel noch als irgendwie göttliche Wesen berufen; aber wir sind aufgerufen, als vollkommene Christen die uns übertragenen ehrenvollen Aufgaben zu verrichten. So schafft unser Vater aufgrund seiner Vollkommenheit alles bis ins Kleinste vollkommen. Die winzigste Fliege, das mikroskopisch kleinste Lebewesen, ja sogar der Staub auf den Schmetterlingsflügeln sind selbst bei stärkster Vergrößerung absolut perfekt[6].

Sollten nicht die kleinen Dinge im täglichen Leben des Christen gleichermaßen möglichst perfekt sein, so wie Gottes Schöpfung im Geringsten perfekt ist? Sollten wir nicht Gott beim Schreiben jedes Buchstabens verherrlichen? Sollten wir nicht gründlicher sein in unserem Dienst, nicht nur dort gut arbeiten, wo es gesehen wird, sondern auch im Verborgenen, wo nur Gott es sieht, der ja auch in der Wüste an einsamen Orten Blumen blühen läßt?»

Könnte ich nur in Christus bleiben

In den Sommermonaten 1869 war die geistig-seelische Verfassung des 37jährigen Hudson Taylor auf einem Tiefpunkt angelangt. Reizbarkeit war sein «tägliches, stündliches Versagen». Manchmal fragte er sich, ob jemand, der so hartnäckig vom Versagen verfolgt werde, überhaupt Christ sein könne. Lange Zeiträume der Trennung von Maria, seiner ersten Frau, und eine Reihe von schweren Erkrankungen trugen das Ihrige bei.

[6] Anmerkung des Verfassers: Der Bezug auf mikroskopische Betrachtungen ist typisch für Hudson Taylors großes Interesse an naturkundlichen Beobachtungen, Fotografie und Mikroskopie, wozu ihn sein Vater schon in der Jugend angeleitet hatte; ein Interesse, das ihn sein ganzes Leben lang begleitete.

Gleichzeitig sah er nicht nur, was bei der Mission, sondern in erster Linie bei ihm fehlte: Sie alle brauchten mehr Heiligung, Leben und Kraft. «Ich erkannte, welche Undankbarkeit, welche Gefahr und welche Sünde es bedeutet, nicht näher bei Gott zu leben…»

Er betete, rang mit sich, fastete, versuchte es besser zu machen und faßte gute Vorsätze. Er las die Bibel noch sorgfältiger, ordnete sein Leben, um mehr Zeit für Ruhe und zum Nachdenken zu gewinnen. Doch das alles nützte wenig.

In einem Rückblick auf diese Zeit schrieb er einige Monate später: «Jeden Tag, beinahe jede Stunde bedrückte mich das Bewußtsein der Sünde. Ich wußte, wenn ich nur in Christus bleiben könnte, dann würde alles wieder gut, aber *ich konnte einfach nicht*. Ich begann den Tag mit Gebet, entschlossen, Gott nicht für einen Augenblick zu vergessen; aber der Arbeitsdruck ließ mir manchmal keine Ruhe, und die ständigen Unterbrechungen ermüdeten und ließen mich ihn oft vergessen… Jeden Tag häuften sich Sünden und Versagen, verbunden mit mangelnder Kraft. Das Wollen war immer vorhanden, aber wie ich alles vollbringen sollte, fand ich nicht heraus.»

Er begann sich zu fragen, ob dieser Konflikt immerzu bleiben würde – stets Niederlagen anstelle eines Sieges? Wie sollte er glaubwürdig verkündigen: Alle, die Jesus aufnehmen, «denen gab er Macht, Gottes Kinder (und damit Gott ähnlich) zu werden» (Joh 1,12), wenn er dabei nicht aus eigener Erfahrung reden konnte?

Statt geistlich zu erstarken, schien er immer schwächer und gegenüber der Sünde nachgiebiger zu werden. Er haßte sich; er haßte seine Sünde.

«Während dieser Zeit», so erinnerte er sich später, «war ich wohl dessen gewiß, in Christus alles zu haben, was ich benötigte, wußte aber nicht, wie ich einen Nutzen daraus ziehen konnte.» Das Gleichnis von Christus als dem Weinstock (Joh 15) vor Augen schrieb er: «Gewiß, er war reich, ich aber arm; er stark und ich schwach. Ich wußte gut genug, in den Wurzeln, im Stamm war alles im Überfluß vorhanden. Die Frage war nur, wie ich es in meinen schwachen kleinen Zweig bekomme.»

Verändernde Erkenntnisse

Allmählich wurden Hudson Taylor verschiedene Dinge klar, die ihm in der Folge halfen, diese Periode zu überwinden. Die Vorbedingung zur Gewinnung dessen, was er wollte, war in erster Linie der *Glaube*, nämlich «Gottes Fülle zu ergreifen und sie mir zu eigen machen». Doch dieser Glaube fehlte ihm. Er kämpfte darum, aber er fand ihn nicht. Er quälte sich ab, doch vergeblich.

«Je mehr ich die Fülle der Gnade bei Jesus, unserem Erlöser, erkannte, desto schlimmer empfand ich meine Hilflosigkeit, meine Schuld. Ins Gewicht fiel allerdings nur die Sünde des Unglaubens als Ursache der übrigen Sünden, weil damit Gott zum Lügner gemacht wird. Den Unglauben empfand ich als *die* verhängnisvolle Sünde der Welt, und gerade ihr war ich erlegen. Ich betete um Glauben, aber er kam nicht. Was sollte ich tun?»

Zur zweiten Erkenntnis verhalf ihm der Brief des Mitmissionars John McCarthy, dem sich Hudson anvertraut hatte. «Ich wünschte nur, ich könnte jetzt mit dir über den Weg der Heiligung sprechen», antwortete McCarthy. «Weißt du, lieber Bruder, heute denke ich, das angestrengte beharrliche Streben, das Sehnen und Hoffen auf bessere Tage, das alles ist nicht der beste Weg zur Glückseligkeit, Heiligung oder Brauchbarkeit. Wohl ist es besser, ja weit besser, als sich mit kümmerlichen Errungenschaften zufriedenzugeben. Aber das ist niemals der beste Weg. Das folgende Zitat aus deinem Buch *Christ is All*, das du hier zurückgelassen hast, hat mich sehr getroffen:

‹Sobald Jesus als Herr angenommen ist, beginnt die Heiligung; dem Herrn von ganzem Herzen zugetan sein, das heißt in der Heiligung fortschreiten, und darauf zählen, daß der Herr Jesus nie abwesend ist, das wäre dann die vollendete Heiligung… Damit ist eine Verbindung geschaffen, durch die der ganze Reichtum Christi in uns fließen kann; der dürstende Zweig wird vom fruchtbaren Stamm versorgt… Ein und dasselbe Leben durchströmt das Ganze.

Wenn du deine Unzulänglichkeit beklagst, wenn du gewahr wirst, daß das verhaßte Scheusal Sünde noch immer die Oberhand zu gewinnen droht, so bedenke, in Christus ist genügend Hilfe für dich bereit; ihm wende dich eindeutig zu…

Am heiligsten ist, wer Christus am meisten Raum in sich gewährt und sich rückhaltlos an seinem vollendeten Werk freut. Es ist der unzulängliche Glaube, der den Schritt hemmt und manche zu Fall bringt.›

Den letzten Satz kann ich heute in jeder Hinsicht bestätigen ... Wie also können wir unseren Glauben mehren? Nur indem wir uns vor Augen halten, was Jesus ist und was er für uns ist. Nicht einfach kämpfen, weder um glauben zu können noch um größeren Glauben, sondern einzig und allein auf den Einen sehen, der treu ist. So werden wir ganz im geliebten Herrn ruhen, jetzt und in der Ewigkeit.»

Nachdem Hudson Taylor den Brief McCarthys gelesen hatte, schrieb er: «Als ich das las, erkannte ich alles! ‹Sind wir untreu, so bleibt er dennoch treu› (2.Tim 2,13). Ich blickte auf Jesus, und von Freude durchströmt begriff ich, daß er gesagt hatte: ‹Ich will dich nie verlassen›[7]. Ah! da kann ich Frieden finden, dachte ich. Vergeblich strebte ich krampfhaft danach, in ihm zur Ruhe zu kommen. Darum werde ich diese Streberei aufgeben; hat er mir denn nicht versprochen, bei mir zu bleiben – mich nie zu verlassen?»

In den folgenden Tagen schenkte ihm Gott neue Erkenntnisse und klärte sein Denken. «Glauben», das sah er nun, war «das Wesentliche dessen, was man hofft, und nicht bloß ein Schatten. Es ist *nicht weniger,* als man sieht, *sondern mehr*. Wir sehen nur die äußere Form der Dinge, der Glaube hingegen verweist uns auf die *Substanz*. Auf der Substanz kann man *ruhen,* und aus ihr kann man *leben*. Der durch den Glauben in unseren Herzen wohnende Christus ist uns *Kraft* und wahres Leben zugleich. Weder können Christus und Sünde beieinander wohnen, noch verträgt sich seine Gegenwart mit der Liebe zu dieser Welt oder der Sorge um ‹vielerlei Dinge›.»

---

[7] Jos 1,5; Hebr 13,5b (wörtliche Übersetzung gemäß Authorised Version, auf die Roger Steer dort zurückgreift, wo es von der Aussage Hudson Taylors her als notwendig erscheint).

Keswick und die Heiligung

Die Erkenntnis des Zusammenhangs zwischen dem Verwurzeltsein in Christus und der Heiligung beeinflußten 1875 die Gründung der Keswick Convention[8]. Einige von Hudson Taylors Freunden fanden, er betone die passive Seite der Heiligung zu stark. Sie unterstrichen, man müsse dem Bösen auch aktiv widerstehen und sich bemühen, Gott zu gehorchen. Einige Jahre später beanstandete auch Bischof Ryle das, was er die Unausgewogenheit der Keswick-Lehre nannte. In seinem 1984 erschienenen Buch *Keep in the Step with the Spirit* (dt. *Auf den Spuren des Heiligen Geistes,* Basel 1989) äußerte auch Jim Packer ernsthafte Vorbehalte gegenüber dem Keswick-Verständnis im Blick auf die Heiligung. Er bestätigt, wovor auch Hudson Taylor damals gewarnt wurde – eine Überbetonung der passiven Seite der Heiligung.

Packer bezeichnet diese Passivität als «bewußtes Nichtstun» und schreibt: «Wer solchermaßen in der Passivität verharrt, gedeiht nicht, sondern magert ab. ‹Nicht der Sache freien Lauf lassen und auf Gott warten›, sollte des Christen Motto sein, sondern: ‹Vertraue Gott und geh voran!› Wenn du beispielsweise gegen eine schlechte Gewohnheit kämpfst, überlege dir ganz klar vor Gott, was du dagegen unternehmen willst, um ihr nicht erneut zum Opfer zu fallen, und bitte ihn, deinen Plan zu segnen. So gestärkt, sei bereit, bei der nächsten Versuchung *nein* zu sagen. Dasselbe gilt, wenn du dir etwas Gutes angewöhnen willst. Bitte Gott um seine Hilfe und tue dein Bestes. Passivität hingegen ist nie der Weg, und ihre Überbetonung bei der Keswick-Lehre (‹Kämpfe nicht mit dir selber, überlasse es Gott›) ist unbiblisch und hemmt die innere Reifung des Christen.»

Der springende Punkt von Hudson Taylors Erkenntnis im Jahre 1869 war, daß der Glaube an Christus, der Blick auf ihn,

[8] Gemeint ist eine jeden Sommer in Keswick abgehaltene Tagung. Ihr Hauptzweck war die «Förderung der angewandten Heiligung» durch Gebetszusammenkünfte, Diskussionen und Gemeinschaft. Die erste Tagung fand 1875 statt. Obwohl sie allen Denominationen offenstand, wurde sie vor allem vom evangelikalen Flügel der Church of England getragen (Encyclopaedia Britannica).

ebenso wie bei unserer Errettung ein wesentliches Element im Streben nach Heiligung ist, womit aber keineswegs gesagt ist, das genüge. Hudson Taylor hätte wahrscheinlich der Auffassung zugestimmt[9], daß wir nie einen Christen im Glauben bestärken sollten, es führe ein abgekürzter oder sonstwie leichter Weg zur Heiligung[10] oder daß erlebte Heiligung von Kämpfen befreie. Taylors Kollege John McCarthy sagte, das Trachten nach Heiligung aus eigener Kraft, obwohl ebenfalls unzulänglich, sei letztlich besser, als sich mit dürftigen Ergebnissen zufriedenzugeben. Es gibt keinerlei Anhaltspunkte, wonach Hudson Taylor und seine Mitarbeiter in China in ihrem Dienst irgendwie nachgelassen hätten. Wie bereits erwähnt, sagte Taylor den in Frage kommenden Missionskandidaten jeweils: Falls sie nicht beabsichtigten, im Sinne von Psalm 84,12b rechtschaffen zu leben, dann sei es besser für sie, zu Hause zu bleiben.

«Es ist nirgends gesagt», schrieb Hudson Taylor ein anderes Mal, «in Christus verwurzelt zu sein schließe die Sündlosigkeit ein. Und dennoch ist das Bleiben in Christus unvereinbar mit bewußter Sünde. ‹Dies schreibe ich euch, damit ihr nicht sündigt› (1. Joh 2,1).»

Die Folgen der Sünde

Das Thema Sünde gilt heutzutage als unmodern. Wir müssen aber nur die Seiten irgendeiner Tageszeitung oder der Bibel überfliegen, um der Sünde und ihren Konsequenzen zu begegnen. In der Schrift gibt es für den Begriff Sünde eine Reihe verschiedener Ausdrücke. Ihre Bedeutung reicht von «Zielverfehlung», «Bruch einer Beziehung» bis zu «Gottlosigkeit», «Verirrung» oder «Auflehnung». In diesem Zusammenhang liegt denn auch allen biblischen Ausdrücken der Gedanke zugrunde, daß Sünde uns vom heiligen Gott trennt.

Hudson Taylor glaubte, der Sünde Übermaß samt ihren schlim-

---

[9] Dieser Schluß kann aufgrund seiner weiteren Schriften gezogen werden.

[10] Eine Gefahr, die Dr. Packer sowohl bei gewissen charismatischen Kreisen als auch bei der Keswick-Lehre sieht.

men Konsequenzen sei zu seiner Zeit nicht richtig verstanden und auch nur unzureichend gelehrt worden. Und das gilt auch für unsere Zeit. «Die Welt ist eine unnachsichtige Lehrerin», schrieb er: «Sünde, auch wenn sie vergeben ist, kann *nie* ungeschehen gemacht werden. Ihre Folgen bleiben. Davids Sünde war vergeben, aber der Prophet, der ihm diese Botschaft zu überbringen hatte, mußte ihm zugleich sagen, nun solle das Schwert von seinem Hause nimmermehr lassen. Jede noch so heimliche Sünde ist eine Saat, die aufgehen und somit, wie der Herr sagt, ans Licht kommen wird. Diese Wahrheit muß heute erneut in Erinnerung gerufen werden, nicht zuletzt unter den Christen …

Weil Gott in seiner Barmherzigkeit sagt, vergebener Sünde werde nicht mehr gedacht, vergessen viele, daß Gott alle Werke vor Gericht bringen wird, alles, was verborgen ist, es sei gut oder böse (Pred 12,14). Das ist eine Stelle, die durch den neuen Bund ihre Gültigkeit nicht verloren hat; denn der Herr selber beglaubigt sie, indem er sagt: ‹Es ist aber nichts verborgen, was nicht offenbar wird, und nichts geheim, was man nicht wissen wird› (Lk 12,2). Und Paulus sagt: ‹Wir müssen alle offenbar werden vor dem Richterstuhl Christi› (2. Kor 5,10). – Abgesehen davon gibt es auch in diesem Leben eine Ernte aufgrund des von uns Gesäten.»

Christus begegnet uns in der Schrift

Als Hudson Taylor noch ein Kind war, nahm sein Vater ihn und seine Schwestern täglich in sein Schlafzimmer mit, kniete an seinem Himmelbett nieder und betete mit jedem. Dann schickte er sie in ihre Zimmer, wo sie eine Weile in ihrer Bibel lesen sollten.

«Lernt eure Bibel zu lieben», sagte der Vater, «Gott kann nicht lügen. Er kann euch nicht irreführen. Er versagt nie.»

Hudson Taylor nahm beides ernst, den Rat und die Meinung des Vaters, und verbrachte ein ganzes Leben damit, sich in die Schrift zu vertiefen.

Er betonte die enge Verbindung zwischen dem fleischgewordenen und dem geschriebenen Wort. Unter den von ihm angeführten Stellen, auf die er sich stützte, war Joh 15,7: «Wenn ihr in mir bleibt und meine Worte in euch bleiben, werdet ihr bitten, was ihr wollt, und es wird euch widerfahren.» «Unser Herr sagt nicht, ‹Bleibt in mir und ich in euch›, sondern ‹Wenn ihr in mir bleibt und *meine Worte* in euch bleiben›. Wenn in Vers 4 anstelle von ‹ich› ‹meine Worte› steht, so zeigt das die enge Verbindung zwischen dem fleischgewordenen und dem geschriebenen Wort. Christus kommt im geschriebenen Wort zu uns, durch den Heiligen Geist, der es uns erhellt. So wie uns das geschriebene Wort nährt, leben wir auch aus dem lebendigen Christus.

Für die Heiligung müssen wir uns Zeit nehmen. Nicht die Menge der Verse, die wir lesen, steht im Vordergrund. Es geht um die Themen, bei denen wir meditierend verweilen können, und um die Nahrung, die wir bekommen. Andererseits soll unsere Lektüre aber nicht zu knapp sein. So wie das ganze Passalamm gegessen werden mußte, ist das ganze Wort Gottes ebenso notwendig wie nützlich, damit ‹der Mensch Gottes vollkommen sei, zu allem guten Werk geschickt› (2. Tim 3,17).

Die fortlaufende Lektüre des Wortes Gottes möchten wir besonders jenen empfehlen, die es bisher unterlassen haben, aber auch allen anderen, denen es möglich wäre, die Bibel im Laufe eines Jahres durchzulesen. Wer aber nicht in der Lage ist, das betend und nachdenkend zu tun, läßt es besser bei einer stetigen kleineren Tageslese bewenden, um so allmählich durch die ganze Schrift zu gelangen.

Johannes 15,7 zeigt uns die wichtige Verbindung zwischen gründlicher Kenntnis des Wortes Gottes und dem erhörlichen Gebet: Gott beantwortet nur jene Gebete, die mit seinem geoffenbarten Willen harmonieren. Viele von uns haben wohl ernsthaft, aber unwissend zugehört, denn sie glaubten, um Dinge beten zu können, die klar Gottes offenbarter Absicht entgegenstanden. Nochmals, die gründliche Kenntnis von Gottes Wort wird immer wieder entsprechende Zusagen in unser Gedächtnis zurückrufen und uns von daher befähigen, glaubend und vertrauend zu beten.

In Christus bleiben und aus seinem Wort leben wird uns zu einem christusähnlichen Wandel führen und unsere Herzen vor Gott festigen.»

Die Quelle der Kraft

Wenn Hudson Taylor predigte, zitierte er oft aus einem seiner Lieblingsverse: «… Gott allein ist mächtig…» (Psalm 62,12). «Gott selber ist die große Quelle der Kraft», sagte er. «Er verfügt über die Macht, die er nach seinem unumschränkten Willen offenbart, und zwar aufgrund seiner verkündeten Absichten und Zusagen, also keineswegs auf launenhafte, willkürliche Weise. Gewiß, es gibt viele mächtige Gegner und Hindernisse. Aber unser Gott, der lebendige Gott, ist allmächtig.

Gott sagt uns durch seinen Propheten Daniel: ‹Das Volk derer, die ihren Gott kennen, wird stark bleiben und danach handeln› (Dan 11,32/Zürcher). Wissen ist Macht, das ist allgemein bekannt. Und diese Wahrheit gilt erst recht im Blick auf das Wissen um Gott. Wer Gott kennt, versucht nicht bloß zu handeln, sondern *handelt*. Wir suchen in der Schrift vergeblich nach einer Anweisung, etwas versuchsweise zu tun. Gott sagt immer: ‹Tu das.› Und wenn *er* uns auffordert, dann gilt es zu gehorchen.

Ferner: Gottes Kraft ist erhältlich. Christen sind vom Geist erfüllte Menschen, wiedergeboren durch eine geistliche Geburt, getragen von einer übernatürlichen Kraft; versorgt werden sie mit geistlicher Nahrung und unterrichtet von einem übernatürlichen Lehrer anhand eines übernatürlichen Buches. Wir werden von einem übernatürlichen Meister auf dem rechten Weg zum sicheren Sieg geleitet. Der auferstandene Herr sagte, bevor er in den Himmel auffuhr: ‹Mir ist gegeben alle Gewalt im Himmel und auf Erden. Darum gehet hin…› (Mt 28,20).

Abermals sagte er zu seinen Jüngern: ‹Ihr werdet die Kraft des Heiligen Geistes empfangen, der auf euch kommen wird› (Apg 1,8). Einige Tage später, nachdem sie stets miteinander einmütig im Gebet verharrt hatten, wurden sie alle erfüllt vom Heiligen Geist. Preist Gott, der immer bei uns bleibt. Diese Kraft ist nicht eine Gabe des Heiligen Geistes. Er selbst ist die Kraft. Heute ist er genauso und als ebenso mächtige Kraft empfangbar wie damals an Pfingsten. Aber hat seit jenen Tagen vor Pfingsten die gesamte Gemeinde je einmal alle andere Arbeit beiseitegelegt und zehn Tage lang ausschließlich auf Gott geharrt, damit die Kraft offenbar wurde? Wir haben zuviel Aufmerksamkeit der Methode, dem Getriebe sowie den Hilfsmitteln gewidmet und uns zuwenig um die Quelle der Kraft gekümmert.»

Wandeln im Geist

Hudson Taylor vertraute auf die Kraft des Heiligen Geistes. Bei seiner eigenen Bekehrung, so erinnerte er sich, «wurde meine Seele vom Licht des Heiligen Geistes durchflutet». Und durch die Höhen und Tiefen der folgenden sechsundfünfzig Jahre, mit ihren Erfolgen und Niederlagen, versuchte er immer, in diesem Geist zu leben. Seine Schriften und Ansprachen waren besonders während der letzten dreißig Jahre seines Lebens vom Heiligen Geist geprägt.

Der Sommer 1873 war extrem schwierig für Hudson Taylor. Er benötigte dringend jemanden, der ihn in China von den administrativen Aufgaben entlastete, damit er sich ganz seiner missionarischen Pionierarbeit, der Evangelisation und Gemeindegründung widmen konnte. Die Zusammenarbeit mit einem Missionarsehepaar erwies sich als schwierig, und einige chinesische Mitarbeiter stellten zu hohe Lohnansprüche. Außerdem gab es in diesem Gebiet einen Umschwung innerhalb der öffentlichen Meinung, die sich nun gegen Ausländer und Christen richtete. Jennie, seiner zweiten Frau, schrieb er damals: «Nur die Taufe mit dem Heiligen Geist kann uns aus diesen Schwierigkeiten helfen.»

Andere Male sagte Hudson Taylor, die Mission brauche die «offenkundige Gegenwart» des Geistes, das «Erfülltsein mit dem Geist» oder Menschen, durch die der Geist «fließt». Er sprach in diesem Zusammenhang auch vom «Empfangen» des Geistes, vom «Ausgießen», vom «Verleihen» des Geistes sowie vom «Zufallen» der Kraft des Geistes. Die Vielfalt der verwendeten Ausdrücke zeigt, wie ungebunden der Geist ist, der bei der Schöpfung über den Wassern schwebte und der – wie der Wind – bläst, wo er will.

Entscheidend ist die göttliche Kraft und nichts anderes

Im März 1892 wandte sich Hudson Taylor in einem denkwürdigen Rundschreiben an alle Mitarbeiter der CIM. Nach einem Bericht über die neuesten Bekehrungen in Shanghai hielt er fest: «Was in unseren Tagen alle Missionen zuerst benötigen, das ist die deutlich erkennbare Gegenwart des Heiligen Geistes... Möglicherweise sind nur wenige mit den Ergebnissen unserer Arbeit zufrieden, und manche mögen denken: Wären wir hinsichtlich Methodiken und Hilfsmitteln nur besser ausgerüstet, dann sähe alles anders aus. Doch mir ist klargeworden, es geht nicht um solche Belange. Was wir brauchen, *ist göttliche Kraft!* Wenn die Dutzende oder Hunderte, die wir täglich erreichen, nicht für Christus gewonnen werden, was nützten dann Methodiken und Hilfsmittel, die uns die Verdoppelung dieser Zahl ermöglichen würden? Sollten wir nicht besser unsere gegenwärtige Tätigkeit aussetzen, uns demütigen und ausschließlich um den Heiligen Geist beten und uns so zurüsten lassen, damit seine unwiderstehliche Kraft durch uns wirken kann?

Mangels Kraft gehen *jetzt* Seelen verloren... Wer immer im Glauben Gottes Segen sucht, den segnet er *jetzt.* Es ist alles bereit, wenn wir bereit sind. So wollen wir denn Gott bitten, uns zu erforschen und alles zu entfernen, was hauptsächlich seinem Wirken in uns entgegensteht... Und wenn er uns das gewährt hat und wir uns ihm erneut ausgeliefert haben, dann laßt uns auch im Glauben vom Heiligen Geist erfüllt werden, der nun den gereinigten Tempel einnehmen und regieren soll.»

Am 16. April 1892 vertagte der CIM-Feldrat seine Sitzung. Im Protokoll heißt es: «Anstelle einer Sitzung vereinte sich der Feldrat mit den Missionaren in Shanghai zum Gebet, damit sie, die ganze Mission und auch der Heimatrat, mit dem Heiligen Geist erfüllt werden.» Und ihre Gebete wurden erhört. «Gott wirkt mitten unter uns», schrieb Jennie noch im selben Monat. «Er leert und demütigt einen um den andern und erfüllt ihn dann mit dem Heiligen Geist. Wir kommen oft in großer Freiheit und Kraft zusammen.»

«Wer von dem Wasser trinken wird ...»

Hudson Taylor sagte, so wie der Sohn kam, um den Vater zu offenbaren, so kam der Geist, um den Sohn zu offenbaren. «Christus war ein wahrer Tröster, und der Heilige Geist ist der andere Tröster, gesandt vom Vater in Christi Namen, damit er für immer bei der Gemeinde bleibe. Christus ist der innewohnende Retter, der Heilige Geist der innewohnende Tröster. Über wem auch immer Christus sein Angesicht leuchten läßt, auf den erhebt auch der Heilige Geist sein Angesicht.»

Ein anderes Mal schrieb er: «Unvergeßlich bleiben die damals erfahrenen Segnungen durch das Wort: ‹Wer aber von dem Wasser trinkt, das ich ihm geben werde, wird in Ewigkeit nicht Durst haben› (Joh 4,14a/Rev. Zürcher). Sobald wir begriffen hatten, daß Christus damit wörtlich meinte: ‹... wird *nie* Durst haben›, sprangen wir von unseren Stühlen auf. Dieses Geschenk ließ unsere Herzen vor Freude überströmen, und wir priesen den Herrn, daß die dürren Tage für immer hinter uns lagen, hat er doch hinzugefügt: ‹Das Wasser, das ich ihm geben werde, wird in ihm zu einer Quelle werden, deren Wasser ins ewige Leben sprudelt› (Joh 4,14b).

Vielleicht sollten wir bei diesem Jesuswort auch noch folgendes beachten. Es heißt: ‹Wer trinkt›, nicht:‹Wer getrunken hat› – also nicht ein für allemal, sondern gewohnheitsmäßig. Und nach dem Versprechen, ‹aus dessen Leib werden Ströme lebendigen Wassers fließen›, heißt es dann: ‹Dies aber sagte er von dem Geist, den empfangen sollten, die an ihn glaubten› (Joh 7,38–39). Wer also im Glauben bleibt, empfängt ihn auch.»

Wem verleiht Gott seinen Geist?

Im Frühjahr 1890 fand in Shanghai die Allgemeine Missionskonferenz statt, zu der sich eine große Zahl von Vertretern aus allen in China tätigen protestantischen Gesellschaften eingefunden hatte. Für die Eröffnungspredigt war Hudson Taylor eingeladen worden. Nachdem er sich an die Zuhörer gewandt hatte, wich er von seiner vorbereiteten Botschaft ab und sprach während einer Stunde über die Kraft des Heiligen Geistes. Dabei bezog er sich auf den Missionsbefehl des Herrn, das Evangelium «aller Kreatur» (Mk 16,15) zu predigen, und zitierte dann aus der Ansprache des Apostels Paulus vor dem Hohen Rat jene Stelle, die vom Heiligen Geist handelt, «den Gott denen gegeben hat, die ihm gehorchen» (Apg 5,32).

«Wenn wir als Konferenz entschlossen wären, den Anweisungen des Herrn bedingungslos zu gehorchen, dann müßte es zu einer solchen Ausgießung des Heiligen Geistes kommen, wie die Welt es seit dem Pfingstwunder in Jerusalem nicht mehr erlebt hat. Gott gibt seinen Geist *weder* denen, die sich danach sehnen, *noch* denen, die darum beten. Er *gibt* seinen Heiligen Geist denen, die ihm *gehorchen.*

Wenn wir uns in einem Akt des Gehorsams darauf einigten, daß in jedem Bezirk, in jeder Stadt, jedem Dorf und jedem Weiler in diesem Land das Evangelium bald vernommen werden soll, und wenn wir entschlossen wären, das schleunigst an die Hand zu nehmen, dann, so glaube ich, käme der Geist in großer Kraft herab, und die Versorgung wäre unversehens da. Wir würden es erleben, wie das Feuer von den Missionaren auf die Herde übergriffe und wie Gott unsere einheimischen Mitarbeiter mitsamt der Gemeinde segnete. Gott gibt seinen Heiligen Geist denen, die ihm gehorchen.»

6 Das Geheimnis des Gebets

LEKTIONEN 64 bis 69

64. Hudson Taylor betete, als ob alles vom Gebet abhinge, und arbeitete, als ob alles von der Arbeit abhinge.

65. Es gibt viele Gebete, die Gott nicht beantwortet, nämlich solche, die falschen Motiven entspringen, und andere, die Gottes Willen entgegengesetzt sind oder nicht im Glauben gründen.

66. Dann gibt es noch viele andere, durchaus angemessene und im richtigen Geist vorgebrachte Gebete, die dennoch nicht erwartungsgemäß beantwortet werden.

67. Wenn große Not im Gebet vor Gott gebracht wird, erfüllt er möglicherweise die Bitte oder sorgt für Abhilfe.

68. Paulus bat den Herrn, ihm den Pfahl im Fleisch wegzunehmen (2. Kor 12,1–10). Doch Gott sah davon ab und hieß ihn stattdessen, aus seiner Gnade Kraft zu schöpfen, um guten Mutes damit fertig zu werden.

69. Das war die *bessere* Antwort auf Paulus' Gebet. Denn wäre ihm der Pfahl weggenommen worden, so hätte er bei der nächsten Not wieder mit der gleichen Schwierigkeit zu kämpfen gehabt.

Beten und Arbeiten

Hudson Taylor glaubte an die Macht des Gebets. Der Beginn seines Lebens als Christ war die Antwort auf die konkreten Gebete seiner Mutter und seiner Schwester. Und indem er Gottes Ruf nach China folgte, ging der Wunsch seiner Eltern in Erfüllung, die Gott noch vor seiner Geburt um eine solche Berufung gebeten hatten. Darum ist es weiter nicht erstaunlich, wenn sein Leben vom Gebet gekennzeichnet war.

Ein Missionar, mit dem er im Sommer 1877 unterwegs war, zählte Taylors Gewohnheit, täglich dreimal für sämtliche Mitarbeiter namentlich zu beten, zu seinen unvergeßlichen Erlebnissen.

Der Sohn Howard notierte von seinem Vater: «Er betete, als ob alles vom Gebet abhinge… und er arbeitete, als ob alles von der Arbeit abhängen würde.» Ein bezeichnender Vorfall ereignete sich 1870 während Hudson Taylors Aufenthalt in England. Am Hauptsitz der CIM in London fand am 31. Dezember ein Gebetstag statt. In jenen Tagen starben viele Kleinkinder an Pseudokrupp. Während des Abendgebets erschien ein Kindermädchen an der Tür mit einem, wie sie dachte, toten Kleinkind auf dem Arm. Man verlangte nach Taylor. Und noch während er nach hinten eilte, bat eine Frau um sein Gebet. «Ja, betet, während ich arbeite!» rief Taylor zurück.

Das kleine Mädchen war blau und schlaff. Nach einem ersten vergeblichen Wiederbelebungsversuch ging Taylor zur Mund-zu-Mund-Beatmung über. Nach kurzer Zeit setzte der Atem wieder ein, und die Gesichtsfarbe kehrte zurück. Wohl kam es dann noch zu gelegentlichen Krämpfen, aber schließlich überlebte das Kind ohne bleibenden Schaden. Aus ihm wurde später eine CIM-Missionarin.

Unsere Gebete werden heute beantwortet!

Gegen Ende 1886 kam der kühne Gedanke auf, für das kommende Jahr um hundert neue Missionare zu beten. Ein langjähriger Missionar in Shanghai sagte dann zu Hudson Taylor: «Ich freue mich sehr zu hören, daß du um eine so große Verstärkung betest. Natürlich wirst du innerhalb eines Jahres nicht hundert dazubekommen, aber gewiß mehr, als wenn du nicht darum gebetet hättest.»

«Ich danke dir für deine Anteilnahme», antwortete Taylor. «Erfreulicherweise wissen wir, daß unsere Gebete bereits heute beantwortet werden. Und falls wir es erleben, bin ich sicher, daß du dich mit uns freuen wirst, die letzten dieser hundert für China willkommen zu heißen!»

1887, wieder in England, war Taylor unwahrscheinlich stark damit beschäftigt, an Hunderten von Tagungen zu reden, eine enorme Korrespondenz zu bewältigen und Hunderte von ernsthaften Interessenten für die Mission zu interviewen. Hinzu kamen die Opposition des CIM-Heimatrates in London sowie die Beratung seines Stellvertreters in China bei administrativen Problemen.

Anfang November konnte Hudson Taylor bekanntgeben, es seien hundertundzwei Kandidaten in den Dienst der CIM aufgenommen worden und für ihre Überfahrt nach China sei genügend Geld eingegangen. In der Zahl waren zwei Missionare inbegriffen, die anderen Missionsgesellschaften angehörten. Gott hatte somit dem Gebetsanliegen genau entsprochen, wovon sich auch der skeptische Missionar beim Empfang der letzten Ankömmlinge überzeugen konnte.

Die ganze Welt ins Herz geschlossen

Hudson Taylor beschränkte sein Gebet nicht auf China. Dr. Harry Guinness, Direktor der *Regions Beyond Missionary Union*, notierte: «Taylors Anteilnahme galt der ganzen Welt, und so hat er auch immer für Südamerika gebetet.» Ein anderer Freund sagte: «Er freute sich genauso, wenn Missionare nach Afrika, Japan, Indien oder Persien ausreisten, wie wenn sie nach China gingen… Er wollte die Welt für Christus gewinnen.»

Antwortet Gott immer auf unsere Gebete?

Hudson Taylor predigte oft über jenen Text, in dem Paulus noch immer ganz ergriffen berichtet, wie er in den dritten Himmel entrückt worden war, wo er «unaussprechliche Worte, die kein Mensch sagen kann», hörte (2. Kor 12,1–10). Der Apostel glaubte, damit er sich wegen der außergewöhnlichen Offenbarungen nicht überhebe, sei ihm «ein Pfahl ins Fleisch, nämlich des Satans Engel», gegeben worden – eine Krankheit oder eine Belastung, über deren Natur wir nur mutmaßen können. «Seinetwegen habe ich dreimal zum Herrn gefleht, daß er von mir weiche», worauf er sagte: «Laß dir an meiner Gnade genügen; denn meine Kraft ist in den Schwachen mächtig.» Und daraus zog der Apostel den richtigen Schluß: «Denn wenn ich schwach bin, so bin ich stark» (Verse 8–10).

Hudson Taylor sagte: «Der Apostel Paulus kannte sich und wußte, daß er aufgrund seiner Lage für andere zum Segen werden konnte. Sein Gebet war weder zurückgewiesen worden noch unbeantwortet geblieben, und dennoch wurde seiner Bitte nicht stattgegeben.

Wirft nicht gerade dieser Vorfall zwischen dem Herrn und seinem Apostel ein Licht auf die so oft gestellte Frage: ‹Antwortet Gott *immer* auf unsere Gebete?› Natürlich gibt es viele Gebete, die er nicht beantwortet, nämlich unstatthafte Gebete, die Gottes geoffenbartem Willen entgegenstehen, oder solche, die nicht vom Glauben getragen sind. Aber es gibt auch viele andere, durchaus richtige, von einer rechten Einstellung getragene Gebete, die dennoch nicht der Erwartung entsprechend beantwortet werden. Ist ein dringendes Bedürfnis im Gebet vor Gott gebracht worden, kann die Antwort in dessen Erfüllung oder in dessen Beseitigung bestehen, so wie bei einer Waage das Gewicht bei der leichteren Schale erhöht und bei der schwereren vermindert wird. Paulus litt unter einer Belastung, die zu tragen ihm die Kraft fehlte, und so bat er, sie möge ihm abgenommen werden – eine Bitte, die Gott nicht erfüllte. Er war ihm auf andere Weise gnädig, indem er ihn auf jene Kraft verwies, die ihm half, seine Bürde freudig zu tragen. So wurde aus einem Anlaß zum Leiden und Bedauern eine Gelegenheit zum Sieg und zur Freude.

Und das war wirklich *besser*, als wenn ihm der Pfahl entfernt worden wäre; denn andernfalls wäre er bei der nächsten Bedrängnis erneut denselben Schwierigkeiten unterworfen gewesen. Gottes Zusage hingegen befreite ihn sofort von *aller* Niedergeschlagenheit und stärkte ihn in allen künftigen gleichartigen Versuchungen. Von daher verkündet er frohlockend: ‹Darum will ich mich am allerliebsten rühmen meiner Schwachheit, damit die Kraft Christi bei mir wohne› (2. Kor 12,9b). Wer möchte nicht auch teilhaben am Pfahl im Fleisch des Apostels, wenn er damit tatsächlich von der Niedergeschlagenheit, verursacht durch Schwachheit und Ungerechtigkeit, Zwangslagen, Qual, Verfolgung und Bedrängnis, enthoben würde und dann wüßte, daß genau diese Stunde und Zeit nicht jene der Schwachheit, sondern in Tat und Wahrheit jene der Stärke war? Darum soll sich niemand davor fürchten, unserem Meister im Gehorsam freudig nachzufolgen.»

Ein von Gott gebilligter Weg zur Einkehr

Als Hudson Taylor die in Chinas Norden gelegene Provinz Shanxi besuchte, fand er dort chinesische Christen, die allein wie auch gemeinsam regelmäßig beteten und fasteten. «Sie hatten erkannt», so bemerkte er, «daß das bei vielen so unbeliebte Fasten, bei dem man schwach wird und sich elend fühlt, ein von Gott eingesetzter Weg zur Gnade ist, sofern es im Glauben geschieht. Der vielleicht größte Hinderungsgrund für unsere Arbeit», fuhr er fort, «ist unsere eingebildete Stärke. Beim Fasten erfahren wir, welch schwache und arme Geschöpfe wir sind – abhängig von einem Fleischgericht, das uns mit seinem bißchen Kraft stützen soll. Wie auch immer, der Segen kommt. Denn soviel weiß ich: Wenn wir bei großen Schwierigkeiten in der CIM – wie schon so oft zuvor – einen Fastentag eingeschaltet haben (und das geschah sehr häufig), hat Gott immer eingegriffen. Er geht uns voran, macht Krummes wieder gerade und glättet das Unebene.»

7 Eine Kultur respektieren

LEKTIONEN 70 bis 78

70. CIM-Missionare kleideten sich nach damaliger chinesischer Sitte und erstellten ihre Gebäude im chinesischen Stil. Sie hatten größten Respekt vor der chinesischen Kultur.

71. Hudson Taylor wußte, daß China nie von ruhigen, zur Bequemlichkeit neigenden Menschen für Christus gewonnen werden konnte.

72. Er erkannte, daß die Zukunft der chinesischen Kirche bei den Chinesen lag.

73. Wer das Herz auf dem rechten Fleck hat, liebt rechtschaffene christliche Leiterschaft und findet seine Freiheit im Gehorsam.

74. Solange christliche Leiter Gottes Führung suchen, sich Zeit für die Heiligung nehmen und für die ihnen Anvertrauten beten, wird Gott sie und ihr Werk segnen.

75. Christliche Leiterschaft bedeutet nicht Herrschen, sondern Dienen, falsche Pfade meiden und andere zu Gottes Ehre und zu ihrem Besten in die richtigen Bahnen leiten. Solche Wegweisung führt den Leiter immer zum Kreuz, und die Geleiteten werden auf seine Kosten gerettet.

76. Bedenke, wieviel Zeit sich Jesus nahm, um den Armen beizustehen.

77. Zwischen der Verkündigung des Evangeliums und der praktischen Hilfe im weiteren Sinne muß das richtige Maß gefunden werden.

78. Den Armen beistehen ist mit persönlicher Selbstverleugnung verbunden.

Warum wurden chinesische Kleider getragen?

Bereits im ersten Jahr nach seiner Ankunft in China befaßte sich Hudson Taylor ernsthaft mit dem Gedanken, chinesische Kleider zu tragen. Was ihn dazu bewegte, wurzelte in seinem großen Respekt vor der chinesischen Kultur und in seiner einfühlsamen Wahrnehmung der Aufgabe des Missionars, womit er seiner Zeit weit voraus war. Er betonte, daß sich das chinesische Brauchtum über Tausende von Jahren hinweg entwickelt habe. Wer die Chinesen gut kenne, der wisse, daß ihre traditionellen Bräuche aufgrund der klimatischen, geographischen und geschichtlichen Gegebenheiten entstanden seien.

Und er konnte damals sogar sagen: «Es gibt vielleicht kein Land auf der Welt, wo die religiöse Toleranz in einem so hohen Grad praktiziert wird wie in China.» Der einzige Grund, daß Chinesen aller Schichten das Christentum ablehnten, so sagte er, beruhe auf der Tendenz, die zu dieser fremden Religion Übertretenden nach landesfremder Art und Weise zu formen.

Die nationale Eigenart soll gewahrt bleiben

Die Aufmerksamkeit, die Hudson Taylor dem chinesischen Volk, seiner Kultur und seinem sittlichen Verhalten schenkte, kommt besonders in einem seiner Artikel zum Ausdruck, den er 1875 in der Zeitschrift «Chinas Millionen» veröffentlichte. Er handelte vom schlechten Einfluß, den große westliche, nur dem Namen nach christliche Gemeinden in den chinesischen Hafengebieten ausübten. Viele führten einen Lebenswandel, der tief unter jenem der sogenannten Heiden stand. Ein weiteres wesentliches Hindernis für eine zügige Ausbreitung des Christentums sah Hudson Taylor auch im Auftreten der Missionare und gewisser zum Christentum übergetretener Chinesen, die sich nach westlicher Art zu kleiden begannen. Hinzu kam dann noch der Bau von Kirchen in westlichem Stil. Er sah keinerlei Rechtfertigung, weder in der Schrift noch anderswo, für eine Verquickung von Christentum und westlicher Kultur. «Wir möchten die Menschen nicht ihrem Volk entfremden; unser Ziel ist ihre Christianisierung.»

Was er wollte, waren «chinesische Christen – wahrhaftige Christen und dennoch in jeder Hinsicht wirkliche Chinesen. Wir möchten Gemeinden mit chinesischen Christen, die, geleitet von Pfarrern und Ältesten aus ihrem eigenen Volk, dem wahren Gott im Land ihrer Väter dienen, nach der Gewohnheit ihrer Väter, in ihrer Muttersprache und in Gebäuden, die durch und durch chinesischer Architektur entsprechen...

Laßt uns in allem, was keine Sünde ist, Chinesen werden, damit wir auf alle Fälle einige retten. Wir wollen uns nach ihrer Weise kleiden, ihre Sprache erlernen, uns in ihre Gewohnheiten einleben sowie ihre Art der Ernährung übernehmen, soweit es Gesundheit und körperliche Verfassung erlauben. Ferner wollen wir in ortsüblichen Häusern wohnen, dabei auf unnötige äußerliche Änderungen verzichten und sie innen nur soweit umbauen, als das mit Rücksicht auf die Gesundheit oder aus arbeitstechnischen Gründen absolut notwendig ist.

Im chinesischen Gewand vermeidet der Fremde, selbst wenn er als solcher erkannt wird, jene besondere Beachtung, der er sonst mancherorts wegen seiner auffallenden Kleidung ausgesetzt wäre, wobei sein Äußeres die Leute bei weitem mehr interessieren würde als seine Botschaft. Abgesehen davon kann er seine Kleidungsstücke im ganzen Land ohne weiteres sehr billig waschen und flicken lassen.»

Das waren die Ideen und die Vision, von denen sich Hudson und Maria, seine erste Frau, bei ihrer Arbeit leiten ließen. Sie glaubten zutiefst daran, daß die Chinesen nur dann für Christus gewonnen werden konnten, wenn diejenigen, die ihnen das Evangelium brachten, ihre alte Kultur verstanden und respektierten.

Die von der CIM erwartete Hingabe

Als William Berger 1868 wieder in England war, lastete die schwierige Aufgabe auf ihm, neue Kandidaten für die Mission zu interviewen und auszuwählen. Hudson Taylor schrieb ihm: «Unsere Mission unterscheidet sich von anderen Missionen. Sobald gewisse Leute hier sind, antworten sie auf jede Frage sogleich mit: ‹Amerikanische Missionare machen es so und so› oder ‹Andere Missionen tun dies und jenes. Warum können wir nicht...?›

Die Missionare sozusagen aller anderen Gesellschaften verfügen über bessere Häuser und gediegenere Möbel als wir. Sie bekommen auch mehr europäisches Essen als wir, etwas, das wir wahrscheinlich kaum einmal haben werden. Aber keine dieser Missionen arbeitet unter der Bevölkerung im Landesinnern. Wer nicht bereit ist, allein und selbständig, unabhängig von diesen Gesellschaften sowie von jenen, die sie nachahmen, zu arbeiten, soll auf keinen Fall in unsere Mission aufgenommen werden... Sagen Sie ihnen gleich, daß sie sich als Mitarbeiter dieser Mission auch auf Spott und sogar Opposition seitens rechtschaffener, frommer Leute gefaßt machen sollen.»

Er fuhr fort, William Berger klare und eindeutige Anweisungen zu geben. «Ich wünsche nur solche Mitarbeiter, die rückhaltlos bereit sind, im Inland zu arbeiten, sich nach einheimischer Art zu kleiden und die dortige Lebensweise so weit als möglich anzunehmen. Ich werde künftig niemanden unterstützen, der diese Bedingungen ablehnt. China ist für alle offen, aber meine Zeit und meine Kraft reichen nicht aus, um angesichts einer so großen Aufgabe mit solchen zu arbeiten zu versuchen, deren Auffassung in wesentlichen Punkten von meinem Arbeitsplan abweicht...

China kann nie von ruhigen, zur Bequemlichkeit neigenden Menschen für Christus gewonnen werden. Männer und Frauen, wie wir sie benötigen, erkennt man daran, daß für sie Jesus, China und seine Menschen in jeder Hinsicht an erster Stelle stehen. Ihr eigenes Leben kann nur den zweiten Platz einnehmen. Solche Männer und Frauen kann man uns nicht genug senden. Sie sind von unschätzbarem Wert.»

Eine chinesische Gemeinde

Hudson Taylors Vorgehen war darauf ausgerichtet, die Arbeit der CIM immer mehr zu einer *einheimischen* werden zu lassen, indem er im Inland chinesische Mitarbeiter und so wenig als möglich ausländische Missionare einsetzte. Es war sein Ziel, in jeder Provinz einen Direktor mit zwei ausländischen Assistenten, in jeder wichtigen Stadt chinesische Mitarbeiter und an weniger wichtigen Orten Helfer zur Verteilung von Bibeln zu haben. Außerdem plante er ein Ausbildungszentrum zur Schulung von chinesischen Mitarbeitern.

Er freute sich an der wachsenden Zahl von chinesischen Christen, die erfolgreich bei der Verkündigung und beim Bau von Gemeinden wirkten. Er zweifelte nie daran, daß die Zukunft der Kirche in China bei ihnen lag. «Ich betrachte uns ausländische Missionare als eine Art Baubegleiter, während das Gebäude stetig in die Höhe wächst», schrieb er. «Je schneller man auf uns verzichten kann, desto besser; denn dann können wir die gleiche Arbeit unverzüglich an einem anderen Ort fortsetzen, womit die Ausbreitung des Evangeliums beschleunigt wird.» Dieses Missionskonzept hat bis heute nichts von seiner Bedeutung eingebüßt.

Helfen anstatt herrschen!

Im Handbuch schrieb Taylor zur Leiterschaft: «Der Grundsatz der Herrschaft Gottes ist äußerst wichtig und betrifft uns alle gleichermaßen. Das göttliche Herrschaftsprinzip besteht darin, zu helfen, anstatt zu herrschen, vor falschen Wegen zu bewahren und auf den richtigen Weg zu führen, und zwar zur Verherrlichung Gottes und zum Wohl derer, die geleitet werden. Solche Leiterschaft führt immer zum Kreuz, und der Beherrschte wird auf Kosten des Leiters gerettet... Wer guten Willens ist, liebt Gottes Herrschaft und findet seine Freiheit im Gehorsam.»

Seinem Stellvertreter John Stevenson riet Hudson Taylor: «Solange du fortfährst, in allen Dingen seine Führung zu suchen, und dir inmitten aller Arbeit Zeit für die Heiligung und zum Gebet nimmst, wird der Herr dich weiterhin brauchen und sich zu dir bekennen und dich segnen.»

Taylor war beweglich, er wußte, wann es angebracht war, von den Regeln abzuweichen. Im Sommer 1894 reiste er mit Jennie, seiner zweiten Frau, nach Xian, der Hauptstadt von Shanxi, wo sie einige Zeit mit Skandinaviern verbrachten, die sich der CIM angeschlossen hatten. Die Skandinavier waren kritisiert worden, weil sie an einigen Orten unverheiratete Missionarinnen eingesetzt hatten, ohne daß diesen Frauen Missionare als Helfer zur Seite gestellt worden wären. In einer Zeitung in Shanghai stand zu lesen, das wirke verwirrend und möglicherweise skandalös auf die Chinesen mit ihren anderen Sitten. Anläßlich dieses Besuches genehmigte Taylor Richtlinien für das Verhalten von Missionarinnen, wobei er die bisherige Regel, die eine Heirat vor Ablauf von zwei Jahren ausgeschlossen hatte, fallenließ.

Ein soziales Evangelium?

Während der siebziger Jahre des neunzehnten Jahrhunderts herrschten zuerst in Shanxi und dann auch in anderen Provinzen von China große, lang andauernde Dürrezeiten. Die Ernten von Weizen und andern Feldfrüchten blieben aus, und so kam es zu einer der weltweit größten Hungersnöte. Während dieser Zeit, als es darum ging, leiblichen und sozialen Nöten praktisch zu begegnen, zeigte Hudson Taylor, wie er das von ihm verkündigte Evangelium in die Tat umsetzte.

Anfang 1877 schrieb er in «Chinas Millionen» über die «Hilfe für den Elenden und Hilflosen» aufgrund von Psalm 41,1–3: «Gesegnet ist, wer sich des Armen und Hilflosen annimmt: zur bösen Zeit wird der Herr ihn erretten. Der Herr wird ihn bewahren und am Leben erhalten, und er soll gesegnet werden auf Erden» (nach der King-James-Version).

«Wer also ist gesegnet? Jedenfalls nicht, wer sich mit einem kleinen Almosen billig von einem qualvollen Anblick loskaufen oder sich des lästigen Sammlers für einen wohltätigen Zweck entledigen möchte; aber auch jener nicht, der, keineswegs sich selbst verleugnend, sein Gewissen mit Gaben beschwichtigen will, um das Elend der Armen und Bedürftigen aus seinen Gedanken zu verbannen. Von jenen, denen es bei ihren Gaben um den eigenen Ruhm geht, wollen wir schon gar nicht reden.»

Gesegnet ist, wer sich in selbstverleugnender Weise den Armen und Bedürftigen voll und ganz zuwendet und mithilft, die Summe menschlichen Leidens zu verringern.

Hudson Taylor warnte vor einer Vergeistigung dieses Psalmwortes und anderer Schriftstellen, bei der die offensichtliche Bedeutung verlorengeht. Oft sind gerade wir Protestanten dieser

Gefahr ausgesetzt. Wieviel kostbare Zeit und Kraft unseres Herrn war doch dem Umgang mit den Leidenden und Bedürftigen und somit irdischen Wohltaten gewidmet. Solche Dienste, wenn sie auf richtiger Motivation beruhen, sind unverzichtbar. Sie sind gottähnlich – christusähnlich.

Selbstloser Einsatz

Für Hudson Taylor war nur ein selbstloser Einsatz für andere echt. Sein Maßstab war die Selbstverleugnung. Die Missionare, die aus verschiedenen Gesellschaften stammten, legten auf sein Betreiben hin an den Konferenzen von Wuchan und Ningbo einen Hilfsfonds an, um die von der chinesischen Regierung garantierten Hilfeleistungen an Hungernde zu ergänzen.

Taylor schiffte sich im November 1877 nach England ein und rief unmittelbar nach seiner Ankunft zu einer Spendenaktion für die Hungernden auf. England reagierte nur zögernd auf die Aufrufe des Lord Mayors von London, des Erzbischofs von Canterbury und der führenden Missionsgesellschaften. Taylor sagte damals: «Die Einnahmen von zwei Tagen aus Englands Opiumverkauf, der China ruiniert, würden alles decken, was wir bis anhin gespendet haben.» In einer Ausgabe von «Chinas Millionen» widmete er vierzehn Seiten dieser Hungersnot.

Im Laufe des Jahres 1878 berichtete Taylor an Zusammenkünften über diese Situation und machte sie auch in der Presse allgemein bekannt, worauf dann die Spenden zur Linderung der allgemeinen Hungersnot die Missionsgaben übertrafen. Doch das hinderte ihn keineswegs, die Missionare in den betroffenen Gebieten zu ermächtigen, zweihundert notleidende Kinder, vorab Waisen, aufzunehmen. Und er wollte noch mehr tun. Nur vier Monate nach einer langen Trennung von Jennie sagte er zu ihr: «Du weißt, ich kann England noch nicht verlassen. Wie wäre es, wenn du dich jetzt einer Gruppe von neuen Missionaren anschließen würdest? Du könntest dann die Hilfsaktion solange leiten, bis ich zurück bin.»

Jennie war damals fünfunddreißig und die beiden Kinder drei und zwei Jahre alt. Nachdem Jennie während zwei Wochen darüber gebetet hatte, entschloß sie sich mitzugehen. Mit zwei ledigen

Frauen reiste sie unter männlichem Schutz zur Hauptstadt von Shanxi, wo sie eine Zeitlang den Waisen und zugewanderten Notleidenden beistand. Obwohl das Waisenheim später geschlossen wurde, hatten Jennie und ihre Mitarbeiterinnen zwei wertvolle Ergebnisse erzielt: Sie brachten Hunderten von Menschen, die unter der verheerenden Hungersnot litten, die Liebe Christi. Gleichzeitig zeigten sie, daß verheiratete wie alleinstehende Frauen ungehindert in Chinas Inland leben konnten.

Das Vordringliche

Während einer Retraite für Missionare sprach Hudson Taylor über Prioriäten.

«Wenn Gottes Gnade in meiner Seele siegt», sagte Taylor, «und ich einem Chinesen ins Gesicht schauen und ihm sagen kann: ‹Gott kann *dich* retten, wie du bist und wo immer du bist›, dann bin ich stark. Wie denn wollt ihr sonst mit einem Menschen umgehen, der unter seiner Opiumsucht leidet? Unser mangelhafter Erfolg hat oft damit zu tun, daß wir selbst nur Halbgerettete sind. Wenn wir tatsächlich gerettet sind und es auch bekennen, wird der Erfolg nicht ausbleiben…

Wir wollen erkennen, daß alles Menschliche, alles außerhalb Christi Fülle, nur insoweit hilfreich ist, als es uns ermöglicht, die Seelen zu ihm zu führen. Wenn Menschen durch unsere medizinischen Teams Christus begegnen, dann werden sie zum Segen. Nähme aber die Medizin den Platz der Predigt ein, dann wäre das ein grundsätzlicher Irrtum; desgleichen wenn wir unsere Schulen und die Erziehung anstelle der geistlichen Kraft setzen würden, in der Meinung, irgendeine erzieherische Methode könne den Leute ebenso weiterhelfen wie eine geistliche Erneuerung. Wir wollen alle Hilfen als Hilfen betrachten, als Mittel, Christus und Seelen miteinander in Verbindung zu bringen, und dafür auch dankbar sein. Laßt uns das unvergängliche Evangelium in unseren Herzen preisen und daran glauben, daß es die erlösende Kraft Gottes ist. Alles andere wollen wir zu seinen Füßen lassen… Wir werden nie entmutigt sein, solange wir klar erkennen, daß wir in Christus alles in Fülle haben.»

8 Der Segen des Kreuzes

LEKTIONEN 79 bis 100

79. Golgatha lehrt uns, daß Gott die Liebe ist. Dieser Gedanke läßt unsere erkalteten Herzen wieder erglühen und brennen.
80. Alles Wertvolle im Dienst Christi kostet etwas.
81. Vielleicht denken wir, wenn es im Leben des Herrn Jesus Christus etwas gab, das *seine* Angelegenheit war und das er ganz allein zu tragen hatte, dann war es sein Kreuz. Er aber sagt, wer ihm nachfolgen wolle, müsse täglich sein Kreuz auf sich nehmen (Lk 9,23).
82. Paulus verstand das «Tragen des Kreuzes» nicht stellvertretend, nicht als etwas, das Christus an unserer Stelle getan hat, und auch nicht im Sinne einer heutzutage unverbindlichen Redensart, sondern ganz praktisch als ein tägliches Sterben.
83. Christi Nachfolger können sich durchaus zufriedengeben mit dem Weg, den er ging.
84. Christen haben keine Rechte.
85. Es ist möglich, errettet zu werden und das ewige Leben durch Christus zu erhalten, auch wenn wir das Wesen, die Vorzüge und die mit unserer Berufung verbundene Verantwortung, nämlich recht zu tun sowie geduldig, dankbar und freudig dafür zu leiden, nur sehr mangelhaft erfassen.
86. Aber nach des Herrn Willen soll sein Volk, frei von Beschwernissen, mit allem versorgt, stark, gesund und glücklich sein.

Wir sollen uns um nichts sorgen, «sondern in allen Dingen unsere Bitten in Gebet und Flehen mit Danksagung vor Gott kundwerden lassen und in seinem vollkommenen Frieden leben» (Phil 4,6–7).

87. Auf des Christen Weg wird das Kreuz nicht leichter, aber es bringt gute Frucht.

88. Manchmal kommt die Fülle des Segens aus der Tiefe des Leidens.

89. Im Buch Hiob ist der Schleier über der unsichtbaren Welt gelüftet, und wir erfahren die Macht Satans, aber auch seine Machtlosigkeit, sobald Gott nicht einwilligt.

90. Bei keiner anderen Arbeit ist man so gut entlöhnt, wie wenn man in Gottes Dienst steht. Gott sandte Hiob die Prüfung, aber er gewährte ihm auch die benötigte Gnade.

91. Es war Gott, der Hiob peinigte, indem er Satans Herausforderung annahm (der Herr hat's gegeben, *der Herr* hat's genommen).

92. Satan ist Diener, nicht Herr. Seine Macht reicht nur so weit, wie der Herr ihn gewähren läßt. Ob Freude oder Leid, wir wollen es aus Gottes Hand annehmen.

93. Mit der Liebe eines zärtlichen Vaters wachte Gott stets über Hiob. Und als die Heimsuchung lange genug gedauert hatte, wich sie dem Befreiungslied.

94. Hiob lernte während der Zeit seiner schweren Prüfung vieles, das er während eines ganzen Lebens in Wohlstand nie erfaßt hätte.

95. Gott sprach in die Finsternis: Es werde Licht!

96. In einem materialistischen Zeitalter besteht die Gefahr, das verborgene Wirken unserer unsichtbaren Widersacher zu vergessen und zu unterschätzen. Wir müssen die ganze Waffenrüstung Gottes anziehen und vor Satans Schlichen auf der Hut sein.

97. Gott beruft uns zu einem Leben in Demut, in welchem wir unser Kreuz auf uns nehmen.

98. Gott mag uns arm belassen, weil er uns mehr geben will als Gold, nämlich die völlige Abhängigkeit von ihm.

99. Als unbegrenzter Herrscher ist Gott berechtigt, mit seinen Nachfolgern so umzugehen, wie es ihm beliebt.

100. Gott wird viel von dem, was uns bei seinem Handeln rätselhaft erscheint, nicht erklären.

Die Botschaft des Kreuzes

In den Wochen vor Ostern 1995 regten sich in England viele Christen auf, als sie lasen, bei einer nationalen religiösen Plakatkampagne habe man das Kreuz weggelassen, weil es «kulturell zu stark belastet» sei. Di*e Time*s berichtete am 10. März 1995, die Auftraggeber betrachteten das Kreuz als eine zu aufdringliche Verkündigung, weshalb auf den Plakaten an dessen Stelle «Überrascht?!» stehen werde, womit, wie sie schrieben, «einer der müden, alten Slogans» ersetzt werde.

Die Werbestelle der Kirchen sagte ferner, sie wollten «von den Osterhasen, den Eiern und anderem Firlefanz» wegkommen. Und der führende Kopf dieser Kampagne habe geäußert: «Wozu soll denn das gut sein, diese fixe Idee mit dem Kreuz? Wir möchten doch jene erreichen, die gegenwärtig weder an der Kirche noch am christlichen Glauben interessiert sind, und wir versuchen sie dort abzuholen, wo sie sind. Unser Klischee-Image, das vermutlich unbeachtet bliebe, lassen wir darum besser weg.»

Der Medienbeauftragte einer Diözese sagte, das Kreuz sei «kulturell zu stark belastet». Auch die endlose Wiederholung von Bibelzitaten werde kein Eis brechen. Traditionelle Symbole seien von den Leuten bereits zurückgewiesen worden. Die Organisatoren der Kampagne argumentierten ferner, sie hätten mit ihren Inseraten versucht, die Auferstehung ins Zentrum zu stellen, «um so den Leuten außerhalb der Kirche klarzumachen, daß es bei Ostern nicht nur um den Tod, sondern auch um die Auferstehung gehe». Darum stehe auf dem Poster: «Überrascht?! So begrüßte Jesus seine Freunde, drei Tage nachdem man ihn ins Grab gelegt hatte ...»

Die Auferstehung gab Hudson Taylor die gewisse Zuversicht für die Zukunft. Aber er konnte nie auf die Botschaft des Kreuzes verzichten. Sie war die Quelle seiner Errettung, der Grund seiner Freude und das tägliche Vorbild für seine Nachfolge.

Gottes Liebe in Taylors Herzen

Seiner Schwester Amelia schrieb Hudson aus China, wie sehr er Gott liebe und wo Gottes Liebe für ihn am hellsten leuchte.

«Sich in Gottes Majestät zu versenken ist etwas Erhebendes. Auch seine Weisheit, seine Macht und seine Allgegenwart sind Themen, mit denen wir uns gerne eingehend beschäftigen – und weshalb? Weil wir ein kurzes, vielleicht schwaches Aufleuchten seiner *strahlenden Herrlichkeit* eingefangen haben, wobei sein offenbartes Wesen im Antlitz Jesu Christi sichtbar geworden ist und wir auf Golgatha erfuhren, daß *Gott die Liebe ist.* Aus diesem Grund beschäftigen wir uns jetzt gerne mit seinen anderen Eigenschaften, weil es die Eigenschaften *unsere*s *Vaters* sind. Dieser Gedanke kann unsere erkalteten Herzen wieder zum Glühen und Brennen bringen; er kann unsere Tränen erneut lösen und uns zur anbetenden Liebe und Dankbarkeit führen.» Das war seine Überzeugung, die ihn zeitlebens begleitete.

Die beste aller irdischen Gaben

Als er sich 1857 in die vielumworbene, zwanzig Jahre alte Maria Dyer verliebte, stieß das bei einigen Einflußreichen der Mission in China auf heftigen Widerstand. Trotzdem heirateten die beiden und verbrachten anschließend drei Wochen in einem Kloster in den Bergen oberhalb von Ningbo.

«Mit der Einen verheiratet zu sein, die du innig und zärtlich liebst», schrieb er nach Hause, «oh, das ist eine Seligkeit, die sich weder in Worte fassen läßt noch irgendwie vorstellbar ist und in nichts enttäuscht. Täglich zeigt sich mehr von der Gesinnung deiner Geliebten, wenn du einen solchen Schatz hast wie ich, und das macht dich nur stolzer, glücklicher und in Demut dankbar gegenüber dem Geber alles Guten für diese beste aller irdischen Gaben.»

Bevölkern die von uns Geliebten den Himmel?

Als die achtjährige Grace Taylor an einer schweren Hirnhautentzündung erkrankt war, schrieb Hudson an William Berger:

«Lieber Bruder, ich weiß weder was schreiben noch wie es unterlassen. Mir scheint, ich schreibe fast aus der innersten Kammer des Königs der Könige – gewiß, dies ist heiliger Boden. Neben der Couch sitzend, auf der meine geliebte kleine Gracie im Sterben liegt, ringe ich darum, ein paar Zeilen zu schreiben … Lieber Bruder, mögen auch unser Leib und unser Herz vergehen – unseres Herzens Fels und unser Teil ist Gott auf ewig. Es war weder unklug noch abwegig, als ich in Kenntnis von Land, Leuten und Klima meine geliebte Frau, meine allerliebsten Kinder und mich selbst Gott zu diesem Dienst weihte.»

Vier Tage später zeigten sich bei Grace Anzeichen einer Lungenentzündung. Am Freitag abend, dem 23. August, versammelten sich die Familie Taylor und ihre Nächsten um Graces Bett. Hudson stimmte ein Lied um das andere an, obwohl ihm die Stimme zeitweise versagte. Maria saß über die nun bewußtlose Gracie gebeugt. Zwanzig Minuten nach neun Uhr hörte sie auf zu atmen.

«Noch nie habe ich etwas so Liebenswertes gesehen wie die liebe kleine Grace an jenem Abend, der auf ihren Tod folgte», schrieb Mary Bowyer, «es war der lieblichste Gesichtsausdruck auf Erden.»

«Unsere liebe kleine Grace», schrieb Hudson, «wie vermisse ich morgens doch ihre wohltuende Stimme, die zu den ersten Lauten gehörte, die uns beim Erwachen begrüßten; Laute, die uns durch den Tag begleiteten und auch in die Abendzeit! Und wenn ich beim Abendspaziergang den gleichen Weg nehme, den sie an meiner Seite trippelnd mit mir ging, kommt alles von neuem hoch, und die Gedanken hämmern wie im Todeskampf: *Ist es möglich, daß ich nie mehr den Druck ihrer kleinen Hand spüren, nie mehr ihr köstliches Geplauder hören und nie mehr das Funkeln ihrer hellen Augen sehen werde?* … Und dennoch ist sie nicht verloren. Der Gärtner kam und pflückte eine Rose.»

Nicht ganz drei Jahre später starben zwei weitere Kinder und dann tragischerweise auch noch Maria im Alter von dreiunddreißig Jahren. Hoch über Zhejiang saß Hudson Taylor in einem Haus, allein mit seinen Gedanken. Von seinen vier überlebenden Kindern getrennt, schrieb er: «Noch vor einigen Monaten war mein Haus voll. Nun ist es so still und einsam – Samuel, Noel und meine liebe Frau sind bei Jesus, die älteren Kinder weit weg, sogar der kleine Charles in Yangzhou. Oft hat mich in den vergangenen Jahren die Pflicht von meinen Lieben weggerufen, aber wie herzlich ist doch immer der Empfang gewesen, wenn ich zurückgekommen bin. Nun bin ich allein. Kann das sein, keine Rückkehr mehr von dieser Reise, kein Heimkommen mehr, auf das man sich freuen kann? Ist das wirklich so und nicht nur ein böser Traum, daß meine Liebsten im kalten Grab liegen? Ach, es ist nur zu wahr. Dennoch werde ich erwartet, und nach jener Heimkehr wird es keine Trennung mehr geben … ‹Ich gehe hin, euch eine Stätte zu bereiten.› Gehört zu dieser Vorbereitung nicht auch, daß jene dort sein werden, die wir lieben?»

Selbstverleugnung

Während eines besonderen Dienstes, der Hudson Taylor während vierzehn Monaten von Jennie trennte, schrieb er ihr im Dezember 1882, er hoffe, es werde nicht mehr lange dauern, bis sie wieder zusammen wären, und er stellte dann die quälende Frage: «Gibt es irgend etwas Wertvolles in Christi Dienst, das wenig kostet?»

Zu Jesu Ausspruch: «Wer mir folgen will, der verleugne sich selbst und nehme sein Kreuz auf sich täglich und folge mir nach» (Lk 9,23) schrieb er: «Vielleicht denken wir, wenn es im Leben des Herrn Jesus Christus etwas gab, das *seine* Angelegenheit war und das er ganz allein zu tragen hatte, dann war es sein Kreuz. Um uns vor diesem naheliegenden Denkfehler zu bewahren, sagt der Herr durchaus verbindlich, jeder Mensch, der ihm nachfolgen wolle, der *verleugne* sich selbst und *nehme sein Kreuz* täglich auf sich.

Ist das nicht eine notwendige Ermahnung? Sind nicht Bequemlichkeit und Überheblichkeit Versuchungen, denen wir fortwährend ausgesetzt sind und denen wir ständig erliegen, ohne dabei an ein unchristliches Verhalten zu denken? Mit Selbstverleugnung ist etwas weit Größeres gemeint, als von seiner Bequemlichkeit ein wenig abzulassen!

Als Glaubende behaupten wir, mit Christus gekreuzigt zu sein. Paulus verstand das nicht stellvertretend, sondern praktisch und keineswegs im Sinne der heutigen Redensart, ‹Ich nehme täglich mein Kreuz auf mich›, sondern als ein tägliches Sterben. ‹Oft vom Tod umfangen›, war er nie überrascht, noch strauchelte er wegen Härten oder Gefahren bei seiner Arbeit.»

Wie steht es um unsere Rechte?

In der *Times* vom 24. März 1995 schrieb der Journalist Paul Johnson, daß «traditionelle Gesellschaften auf der Pflicht beruhten, weil die Religion ihr Fundament war. Strenggenommen hatte in einer Gesellschaft wie dem mittelalterlichen Christentum niemand Rechte. Rechte hatte nur Gott; alle anderen hatten Pflichten gegenüber Gott und untereinander… Leider enthält jedes auf dem Recht aufbauende System eine verhängnisvolle Schwäche.» Viele Beobachter sind mit Paul Johnson der Meinung, heutzutage würden die Rechte zu stark und die Pflichten zu wenig betont.

Auch Hudson Taylor hatte seinerzeit auf diesen Punkt hingewiesen. «Was lehrt uns Gottes Wort über unsere Rechte, unsere Ansprüche, unsere Pflichten?» fragte er. «Was wollte uns der Herr mit seinem Gleichnis in Matthäus 18,23–35 lehren, als er sagte: ‹Hättest du dich da nicht auch erbarmen sollen über deinen Mitknecht, wie ich mich über dich erbarmt habe?› (Vers 33). Kann jener Knecht unter solchen Umständen auf seinem Recht und seiner Forderung gegenüber seinem Mitknecht bestehen?

Ist nicht gerade dieser Grundsatz des Verzichts auf einen Rechtsanspruch, diese Art der Selbstverleugnung, von weitreichender Bedeutung? Machte unser Herr, als er vor Pilatus stand, sein Recht geltend, indem er sich behauptete? War es nicht vielmehr so, daß er sich so lange verleugnete und sein Kreuz trug, bis sein Vater ihn rechtfertigte? Sollen wir als Menschen und Bürger der westlichen Länder eifersüchtig über unsere Ehre und Rechte wachen, wenn unser Meister wünscht, daß wir ihn bezeugen und über sein ganzes Wesen und sein irdisches Leben nachdenken?»

Leiden und ertragen

«Wenn ihr um guter Taten willen leidet und es ertragt, das ist Gnade bei Gott. Denn dazu seid ihr berufen, da auch Christus hat für euch gelitten und euch ein Vorbild hinterlassen, daß ihr sollt nachfolgen in seinen Fußstapfen» (1. Petr 2,20–21). «Des Christen Ruf», schrieb Hudson Taylor, «ist für Außenstehende ebenso unverständlich und unattraktiv wie die Person und das Werk unseres unvergänglichen Herrn. Nach dem Urteil der Welt hatte er weder Gestalt noch Anmut noch Schönheit, weshalb sie nicht nach ihm verlangte. Es ist möglich, errettet zu werden und das ewige Leben durch Christus zu erhalten, auch wenn wir das Wesen, die Vorzüge und die mit unserer Berufung verbundene Verantwortung nur sehr mangelhaft erfassen.

Wofür sind wir berufen? *Recht zu tun, dafür zu leiden und geduldig auszuharren.*

‹Ein hübscher Ruf›, sagt der Zweifel und wendet sich angewidert ab. ‹Traurig, aber wahr›, antwortet manches betrübte, aber aufrichtige Herz.

‹Ich danke dir, Vater›, sagt ein starker Glaube, ‹denn aus deiner Sicht erscheint es als gut.›

Gott hat sich nicht verändert, seit der Heilige Geist die Antwort auf die oben erwähnte Frage niederschreiben ließ. Weder der Mensch noch sein großer innerer Feind haben sich seither verändert.

Gott handelt niemals willkürlich. Weil sein ganzes Wirken und seine sämtlichen Anforderungen vollkommener Weisheit und Güte entspringen, *müssen* sie weise und gut sein. Leiden wir, so sind wir aufgerufen, das geduldig hinzunehmen und darüber hinaus auch noch dankbar und fröhlich zu sein; denn vom richtigen Standpunkt aus gesehen gibt es weder einen Grund für Ungeduld noch eine Entschuldigung dafür, wohl aber reichlich Anlaß zu großer Dankbarkeit und Freude. Die ersten Christen waren weder Narren noch Verrückte, wenn sie die Zerstörung ihres Besitzes fröhlich hinnahmen und darüber frohlockten, daß ihre Namen als böse ausgestoßen und sie der Leiden gewürdigt wurden.»

Der Umgang mit Streß

Im Herbst 1876 klagte Hudson Taylor, er habe viermal mehr Arbeit, als er bewältigen könne. Er lag gerade im Bett und hatte die Ruhr, eine Krankheit, die ihn während seines ganzen Lebens begleitete. Auf seiner vierten Ausreise nach China war sein Aktenkoffer mit all den Unterlagen für seine Arbeit, die er während der Überfahrt erledigen wollte, zurückgeblieben und nun mit großer Verspätung in Zhejiang aufgetaucht. Inzwischen war Charles Fishe, Sekretär der CIM in China, nach England zurückgekehrt, wobei sein Arbeitsplatz unbesetzt blieb. Dennoch mußte die nächste Ausgabe der Missionszeitschrift «Chinas Millionen» erscheinen.

Am Ende so eines Tages, manchmal auch frühmorgens um zwei oder drei Uhr, saß Taylor am Harmonium und spielte seine Lieblingslieder, um dann abzuschließen mit:

Jesus, ich ruhe in der Freude,
in der Freude dessen, was du mir bist,
und erfahre deine Liebe,
die meines Lebens Urgrund ist.

Einmal brachte ihm ein Mitmissionar einen Stoß Briefe, die alle von Gefahren und Problemen handelten, denen eine Anzahl von CIM-Mitarbeitern ausgesetzt waren. Als Taylor während des Lesens die Melodie von «Jesus, ich ruhe in der Freude» vor sich hin pfiff, fragte ihn sein Kollege: «Wie kannst du nur pfeifen, wenn unsere Mitarbeiter derart gefährdet sind?»

«Nimm einmal an, ich müßte hier sitzen und mein Herz mit alledem belasten. Das würde weder den anderen noch mir helfen; denn ich wäre nicht mehr imstande, meine Aufgabe zu erfüllen. Darum muß ich die Last auf den Herrn abwälzen.»

Unbelastet, stark, gesund und glücklich

1887 war ein unglaublich arbeitsreiches Jahr für Hudson Taylor, der sich meistens in England aufhielt.

«Ich bin völlig erschöpft», sagte er zu einem Mitarbeiter, als er einmal besonders niedergeschlagen war, «und versucht zu wünschen, daß meine Zeit gekommen wäre. Er aber gibt dem Schwachen Kraft.»

Seinen fünfundfünfzigsten Geburtstag feierte er am 21. Mai, und am 26. bestand die CIM seit einundzwanzig Jahren. In seiner Rede an der Jahresversammlung kam er auf den Druck zu sprechen, unter dem er gestanden hatte, und wie er gelernt hatte, damit umzugehen.

«Nach des Herrn Willen soll sein Volk unbelastet sein, mit allem versorgt, stark, gesund und glücklich… Wollen wir nicht endlich ‹uns um nichts sorgen, sondern in allen Dingen unsere Bitten in Gebet und Flehen mit Danksagung vor Gott kundwerden lassen›, indem wir alles, was uns belastet oder ängstigt, im Gebet vor Gott bringen, um dann in seinem vollkommenen Frieden zu leben?

Seit der Herr mich gelehrt hat, daß es *sein* Werk ist, kenne ich keine Angst mehr. Gott zu gefallen, das ist meine große Aufgabe in diesem Leben. Wenn ich mit ihm im Licht gehe, spüre ich keine Last.»

Das Kreuz wird nicht leichter

Während Taylor mit der ersten Gruppe von CIM-Mitgliedern aus Nordamerika nach China segelte, erreichte ihn die Nachricht vom Tod zweier Mitarbeiter der Mission. Dies war der erste schwere Schlag von einer ganzen Serie von weiteren, und er schrieb damals: «Wir gehen durch Prüfungen, die wie Wellen über uns hinwegrollen. Jeder Tag hat sein volles Maß. Gott scheint täglich zu fragen: ‹Kannst du bei dem allem noch immer *Vater* sagen?› Gott aber stützt und stärkt den Geist, wie sehr das Fleisch auch schwach versagt… Der Tag und Nacht anhaltende Druck ist manchmal kaum auszuhalten… Dennoch weiß ich, des Herrn Wege sind alle richtig, und ich möchte es nicht anders haben.»

In Shanghai versuchte er, sich im Zimmer nebenan um die Tochter eines Mitarbeiters zu kümmern, die den Verstand verloren hatte und ihre Kleider sowie das Bettzeug zerriß. Mitglieder des Londoner Heimatrates mißbilligten seine Entscheidung, einen nordamerikanischen Zweig der Mission zu gründen. «Satan tobt», schrieb er Jennie nach Hause. «Überall im Land sieht er sein Reich angegriffen. Das ist ein schrecklicher Konflikt. Wenn unser Herrscher nicht allmächtig wäre, würde ich schwach werden. Ich glaube, so etwas habe ich bisher noch nie erlebt, obwohl wir in der Vergangenheit schon einige Prüfungen durchgestanden haben.»

Er war schon viele Monate von Jennie getrennt, als er ihr schrieb: «Manchmal, Liebste, ist mir, als ob durch unsere lange Trennung der Reiz des Lebens und auch des Lebens Kraft von mir gewichen seien… Hinausgeschobene Hoffnung macht das Herz krank… aber ich kann es nicht abschütteln. Sehnsucht entkräftet das Denken… Das Kreuz wird nicht leichter, aber es bringt süße Frucht.»

Sorget nicht für morgen

«Ich will vor dir hergehen und das Bergland eben machen» (Jes 45,2). «Diese persönliche Botschaft des Herrn», schrieb Hudson Taylor, «ist eine herzerquickende Ermutigung und ein Ruhekissen für meinen Kopf. Sie ist heute ebenso erfrischend und geschätzt wie in den vergangenen Monaten, als alle Schwierigkeiten immer wieder unüberwindlich schienen.

Satan versucht, unsere Kraft für heute auch noch mit der Last von morgen zu beschweren und uns mit der Vorwegnahme von künftigen Schwierigkeiten in Angst und Schrecken zu versetzen, indem wir die Anweisungen mißachten: ‹Sorget nicht für morgen› (Mt 6,34) und ‹Seid um nichts besorgt› (Phil 4,6/Rev. Elberfelder). Und welche Erleichterung, daß wir in der Gewißheit leben dürfen: ‹Ich will vor dir hergehen, ihr werdet nicht ohne Leiter sein. Wer mir nachfolgt, wird nicht wandeln in der Finsternis› (Joh 8,12). ‹Ich will das Bergland eben machen› (Jes 45,2), und wenn ihr auf sie treffen werdet, dann werdet ihr die unüberwindlichen Schwierigkeiten bereits beseitigt finden, indem eure Feinde, wie einst die von Joschafat, sich gegenseitig umgebracht haben, so daß ihr die Beute teilen und aus dem Streittal ein Lobetal machen könnt – ein Berechja.

So ist es in China immer und immer wieder gewesen, und zweifellos können zu Hause viele das Gleiche bestätigen, sei es ein Problem in der Familie, dem sie machtlos gegenübergestanden haben, seien es berufliche oder geschäftliche Schwierigkeiten. Vielleicht waren sie geistlich in eine Sackgasse geraten, oder Probleme in ihrem Dienst für den Herrn drohten ihren inneren Frieden zu stören, was sie bestürzte. Sie aber gedachten des Gebotes ‹Sorget euch um nichts, sondern in allen Dingen laßt eure Bitten in Gebet und Flehen mit Danksagung vor Gott kundwerden› (Phil 4,6). Sie warfen alles auf den Herrn und überließen ihm die Führung und Lösung. Der versprochene Friede kehrte ein; er bewahrte ihr Herz vor Kummer und Sorge, bis die Zeit reif, die Schwierigkeit ihres Stachels beraubt und der Berg abgetragen war. Mit solchen Sorgen zurechtzukommen, um sie schließlich abzulegen, das muß gelernt werden. Es gibt wahrscheinlich nur wenige, die das im Rückblick nicht so sehen.»

Eine neue Art von Prüfung

Im November 1898 fuhr der 66jährige Hudson Taylor mit Jennie durch Westchina. Die Reise führte über Hunderte von Meilen den Jangtse hinauf, zuerst mit einem Dampfer und dann auf einfacheren Booten, ungeachtet der winterlichen Stromschnellen. Etwa auf halbem Weg erreichte sie die vernichtende Nachricht vom Tod des Australiers William Fleming, des ersten CIM-Märtyrers, der in der südwestlichen Provinz Guizhou zusammen mit seinem Freund und Gehilfen Pan Shoushan ermordet worden war.

«Welch traurige Nachrichten!» schrieb Hudson Taylor an John Stevenson. «Ein Segen für die Märtyrer, aber traurig für uns, für China und für seine Freunde. Und nicht nur traurig, sondern auch verhängnisvoll! Es könnte ein Hinweis sein, daß Gott uns auf eine neue *Art* prüfen will. Darum müssen wir von neuem die ganze ‹Waffenrüstung Gottes› anziehen. Gewiß, es bedeutet größeren Segen, aber es geht auch durch tieferes Leiden hindurch. Laßt uns unbeirrt an der Quelle aller Kraft festhalten … So oder anders wird das Werk durch solche Prüfungen nicht beeinträchtigt, sondern vertieft und erweitert werden.» Im Blick auf den im Jahre 1900 ausbrechenden Boxeraufstand waren das prophetische Worte.

«Ich kann nicht einmal mehr beten ...»

Im Mai 1900 sprach Hudson Taylor in Boston an einer Reihe von Veranstaltungen mit dem Evangelisten, Bibellehrer und Autor Dr. A. T. Pierson. Bei einem dieser Vorträge schien Taylor den Faden zu verlieren. Plötzlich wiederholte er ständig die beiden Sätze:

«Man mag Gott zu wenig vertrauen, aber man kann ihm nie zu viel vertrauen. – Glauben wir nicht, so bleibt er treu; er kann sich selbst nicht verleugnen» (2. Tim 2,13/Luther 1914).

Pierson kam ihm zu Hilfe, indem er das Wort übernahm. Später hielt er in seinen Aufzeichnungen zu diesem Zwischenfall fest: «Auch wenn es sich um das erste sichtbare Zeichen seines Zusammenbruchs handelte, so hatte diese Repetition sowohl etwas Rührendes als auch Poetisches, was wohl mit der Innigkeit und dem Wiederkehren gerade dieses Zitates zusammenhing, das er durch alle Jahre seiner Missionsarbeit hindurch sich selbst und seinen Mitarbeitern immer wieder in Erinnerung gerufen hatte. Ein gesegneter Satz, um darüber zusammenzubrechen; war er doch der tragende Pfeiler während seines ganzen hingebungsvollen Lebens gewesen.»

Als er seinen Erholungsurlaub in der Schweiz antrat, sagte Taylor: «Ich kann nicht mehr lesen, ich kann nicht mehr denken, ich kann nicht einmal mehr beten; aber ich kann vertrauen.»

Nachhaltige Lektionen aus dem Buch Hiob

Das Buch Hiob kommentierend, sagte Hudson Taylor: «Der Schleier über der unsichtbaren Welt ist gelüftet, und wir erfahren viel von der Macht unseres großen Gegners, aber auch von seiner Machtlosigkeit, sobald Gott unser Vater diese Macht nicht zuläßt.

In Zeiten des Kummers würde Satan die Glaubenden oftmals quälen, indem er ihnen einredet, Gott zürne ihnen. Aber unser himmlischer Vater verläßt sich bei einer Prüfung gerne auf ein vertrauenswürdiges Kind. Nehmen wir den Fall von Abraham: Gott vertraute ihm so sehr, daß er sich nicht scheute, ihn zum Opfer seines geliebten Sohnes aufzufordern. Und bei Hiob war der Herausforderer nicht Satan; es war Gott, der es dem Erzfeind anheimstellte, bei Hiob irgendeine Charakterschwäche zu finden. Jedesmal siegte die Gnade, und in beiden Fällen wurden Geduld und Treue belohnt.

Die Antwort Satans ist bemerkenswert: Er hatte achtgehabt auf Gottes Knecht und wußte offensichtlich alles über ihn. Alle Anstrengungen des Erzfeindes, den von Gott geliebten Knecht mit Qualen vom rechten Weg abzubringen, blieben unwirksam. Er stieß auf eine Mauer, die Hiob und sein Gesinde und alles, was er hatte, umgab. Gesegnet, wer so beschützt wird.

Gott sei Dank ist es auch heute noch für alle Glaubenden möglich, sich eines derart umfassenden Schutzes und geistlichen Segens zu erfreuen.

Da der Verkläger an Hiobs Wesen und Lebensführung nichts auszusetzen vermochte, gab er zu verstehen, das sei nur seiner Selbstsucht zuzuschreiben. ‹Meinst du, daß Hiob Gott umsonst fürchtet?› Er tat es nicht, und Satan wußte das genau! Und weder vorher noch nachher hat jemand Gott umsonst gefürchtet. Denn nichts wird fürstlicher belohnt als der Dienst für unseren himmlischen Meister. Insofern hatte Satan recht. Seine Anspielung hingegen, wonach Hiob Gott nur um des Lohnes willen diene, entsprach keineswegs der Wahrheit. Und so erhielt Satan die Erlaubnis, Hiobs Wesen selber daraufhin zu prüfen.

Als er dann mit abgrundtiefem Haß den getreuen Mann von einem Unglück ins andere stürzte, enthüllte sich Satans wahres Gesicht.»

Irrte Hiob?

«Gott, der die Prüfung sandte, gewährte auch die nötige Gnade, und Hiob antwortete seiner höhnenden Frau: ‹Der Herr hat's gegeben, der Herr hat's genommen; der Name des Herrn sei gelobt!›

War Hiob nicht im Irrtum? Hätte er nicht sagen sollen: ‹Der Herr hat's gegeben, der Satan hat's genommen›? Nein, er machte keinen Fehler. Trotz aller Schmerzen war er noch in der Lage, in seinem Unglück die Hand des Herrn zu erkennen. Satan dachte nicht daran, Gott zu fragen, ob es ihm erlaubt sei, Hiob zu quälen. Er sagte nur zu Gott: ‹Aber strecke deine Hand aus und taste alles an, was er hat: was gilt's, er wird dir ins Angesicht absagen›; und nochmals: ‹Strecke deine Hand aus und taste sein Gebein und Fleisch an: was gilt's, er wird dir ins Angesicht absagen.› Satan wußte, daß außer dem Herrn *niemand* Hiob antasten konnte, und Hiob hatte zu Recht Gott selber als den Täter erkannt. Oft ist es für uns hilfreich und ein Segen, wenn wir uns daran erinnern, daß Satan wohl Diener, nicht aber Herr ist, und daß er, ebenso wie schlechte, von ihm angestachelte Menschen, nur insoweit handeln darf, als Gott es aufgrund seines Vorherwissens bestimmt hat. Ob Freude oder Leid, wir wollen immer beides aus Gottes Hand nehmen.

Hiobs Verwandtschaft beriet ihn falsch, und seine engsten Freunde schienen ihn vergessen zu haben. Seine Hausbewohner betrachteten ihn als Fremden, und die Diener ließen seine Rufe unbeantwortet. Schlimmer noch: Seine eigene Frau wandte sich von ihm ab. Kein Wunder – wer ihn sah, dachte, Gott selber sei ihm zum Feind geworden.

Doch es verhielt sich anders. Mit der Liebe eines zärtlichen Vaters wachte Gott die ganze Zeit über ihm. Und als die Heimsuchung lange genug gedauert hatte, wich sie dem Befreiungslied.»

Lektionen, die der Wohlstand nicht erteilt

«Hiob, den Gott mehr segnete als je zuvor, lernte während seiner schweren Prüfung vieles, das er im ganzen Leben seines Wohlstandes nie erfaßt hätte. Die seinem seelischen Ungestüm entsprungenen Fehler wurden korrigiert. Seine Erfahrungen mit Gott waren tiefer und größer geworden. Er sagte, er hätte Gott nur vom Hörensagen gekannt; nun aber habe sein Auge ihn gesehen. So wurde die Begegnung mit Gott zur persönlichen Bekanntschaft.‹ Und Hiob lebte danach hunderteinundvierzig Jahre und sah Kinder und Kindeskinder bis in das vierte Glied.›

Wenn Hiobs Gedeihen ein gesegneter Wohlstand war, kann man dann nicht ebensogut sagen, seine Not sei ein gesegnetes Unglück gewesen? ‹Den Abend lang währet das Weinen, aber des Morgens ist Freude› (Ps 30,5). Und das Weinen in der Dunkelheit wird reichere und dauerhaftere Frucht zeitigen als irgendein Tag der Freude; denn Gott sprach in die Finsternis: ‹Es werde Licht!›

In diesen Tagen, wo das materielle Denken den Geist beherrscht, laufen wir Gefahr, die unsichtbaren Kräfte zu vergessen. Den unsichtbaren Feind soll man nicht unterschätzen. Es wäre vergleichsweise einfach, mit unseren sichtbaren Feinden zurechtzukommen, stünde nicht der unsichtbare Widersacher hinter ihnen. Wir müssen die Waffenrüstung Gottes anziehen, damit wir bestehen können gegen die listigen Anschläge des Satans, wollen aber dabei nicht vergessen, daß die Macht einzig und allein bei Gott liegt. ‹Ist Gott für uns, wer kann wider uns sein?› (Röm 8,31).»

Gott ist ein unbegrenzter Herrscher

1874 war für Hudson Taylor, der eine schwere Rückenverletzung erlitten hatte, ein von Schmerzen geprägtes Jahr. Auf dem Rücken liegend, verbrachte der damals Zweiundvierzigjährige denkend und betend viele einsame Stunden, in denen er nachstehende Meditation verfaßte. Die handschriftliche Aufzeichnung seiner selbst für ihn ungewöhnlich herausfordernden Gedanken wurde erst nach seinem Tod gefunden. Wie Jim Broomhall bemerkte, öffnen die Worte ein Fenster zu seiner Seele, zum wahren Hudson Taylor, der Christus ähnlich sein wollte, koste es, was es wolle:

«Wenn Gott dich berufen hat, im Geist wirklich wie Jesus zu sein, dann wird er dich in ein Leben voller Leiden und Erniedrigung ziehen und in dir ein solches Verlangen nach Gehorsam wecken, daß *er dir nicht erlaubt, anderen Christen nachzufolgen*; und oftmals scheint es, daß er andere gute Leute Dinge verrichten läßt, die dir untersagt sind. Andere anscheinend sehr religiöse und nützliche Christen und Pfarrer mögen sich vordrängen, Fäden ziehen, Pläne ausarbeiten, um ihre Programme zu verwirklichen. Aber du kannst das nicht; und wenn du es dennoch versuchst, wirst du so kläglich versagen und vom Herrn so scharf zurechtgewiesen werden, daß du es bitter bereuen wirst. Andere mögen von ihrer Arbeit, von ihrem Erfolg und ihren Veröffentlichungen viel Aufhebens machen, aber der Heilige Geist wird dir das nicht erlauben; und wenn du dennoch damit anfängst, wird er dich so demütigen, daß du dich selbst und all deine gute Arbeit nicht mehr ausstehen kannst.

Es mag andern erlaubt sein, viel Geld zu verdienen. Dich hingegen wird Gott wahrscheinlich arm lassen, weil er für dich etwas weit Besseres als Gold will, nämlich deine völlige Abhängigkeit von ihm, indem du nur ihm allein Tag für Tag deine gesamte tägliche Versorgung aus einer unsichtbaren Geldquelle anvertraust. Der Herr wird andere zu Ehren und vorwärtskommen lassen, während er dich unbekannt im Verborgenen läßt, weil er einige angenehme, im Schatten gedeihende Früchte für seine kommende Herrlichkeit hervorbringen möchte. Er wird andere ein Werk für ihn vollbringen lassen und dafür gepriesen werden, aber du kannst dich bei deiner Arbeit abplagen, ohne daß man erfährt, was alles du tust. Und um deine Arbeit noch kostbarer zu machen, wird er andere das Lob für deinen Einsatz einheimsen lassen. Du aber wirst zehnmal mehr empfangen, wenn Jesus kommt.

Der Heilige Geist wird mit eifersüchtiger Liebe streng über dir wachen, und er wird dich für nichtige Worte oder Empfindlichkeiten oder für die Verschwendung deiner Zeit zurechtweisen, für etwas, das anderen Christen scheinbar keine Sorgen bereitet. Also entschließe dich, Gott als unbegrenzten Herrscher anzuerkennen und anzunehmen, daß er berechtigt ist, mit seinem Eigentum zu verfahren, wie es ihm gefällt, ohne dir tausenderlei Dinge zu erklären, die deinem Verstand rätselhaft erscheinen. Er wird dich bei deinem Wort nehmen, und wenn du dich ihm bedingungslos als sein Eigentum auslieferst, dann wird er dich mit seiner eifersüchtigen Liebe umgeben und dir vieles verwehren, was er andere Leute sagen oder tun läßt.

Mach dir ein für allemal klar, daß du dich direkt an den Heiligen Geist zu wenden hast, in dessen Macht es liegt, dich zum Schweigen zu bringen, dir die Hände zu binden oder deine Augen zu schließen, ohne dich gleich zu behandeln wie andere. Wenn du dann so vom lebendigen Gott beherrscht wirst, daß du im Innersten deines Herzens zufrieden und froh bist über diesen besonderen, persönlichen, verborgenen und eifersüchtigen Schutz des Heiligen Geistes, dann hast du den Vorhof des Himmels erreicht.»

Ausblick ins 21. Jahrhundert

Am 1. Oktober 1949 rief Mao Zedong die Volksrepublik China aus. In der Folge hatte die 1865 von Hudson Taylor gegründete China-Inland-Mission das Land zu verlassen. Sie errichtete ihren Hauptsitz in Singapur und verlegte ihre Tätigkeit nach Thailand, Malaysia, Indonesien, auf die Philippinen, nach Taiwan, Hongkong, Südkorea und Japan. So entstand die OMF International (Overseas Missionary Fellowship / ÜMG Überseeische Missions-Gemeinschaft), die heute rund tausend Mitarbeiterinnen und Mitarbeiter zählt.

Seit 1965 nimmt die ÜMG auch Asiaten verschiedenster Herkunft und Kulturkreise als Missionare auf. Ihr Anteil beträgt gegenwärtig rund zwanzig Prozent. So gewinnt die internationale Zusammenarbeit stetig an Bedeutung; die Arbeit der Mission wird dank dem vorteilhaften Zusammenwirken asiatischer und westlicher Mitarbeiter wirksamer.

In Ostasien lebt rund ein Drittel der rapid wachsenden Weltbevölkerung. Auf der einen Seite nimmt der Reichtum zu, und andererseits wächst die Zahl der hoffnungslos Armen, an den Rand Gedrängten. Asiens Situation ändert sich rasant.

Hudson Taylor war damals ins Landesinnere von China gezogen, weil dort das Evangelium noch unbekannt war. Eine ähnliche Arbeit geht heute von Thailand aus, wo neuerdings Angehörige der dortigen Bergvölker in Zusammenarbeit mit der ÜMG ihren Stammesverwandten in Laos, Myanmar, China und Vietnam das Evangelium bringen und ihnen auch sonst wirksam beistehen. Im Mekonggebiet verbessert sich der Zugang für thailändische Christen zusehends.

Auch wenn es noch Missionare in abgelegenen Dörfern gibt, so leben heute doch die meisten in den großen, teilweise modernen und rasant wachsenden Städten. Die besseren Arbeits- und Bildungsmöglichkeiten ziehen viele Menschen an, und viele träumen davon, als Geschäftsleute oder Karrierefrauen weiterzukommen. Ihre Götter heißen Materialismus und Erfolg. Im Vergleich zur Arbeit in ländlichen Gegenden ist der Einsatz in den Ballungszentren natürlich anspruchsvoller, wenn man die intelligente, weltmännisch auftretende Generation verstehen und ihr hilfreich begegnen will. Im Fernen Osten ist es nicht anders als im Westen: materieller Überfluß und geistlicher Bankrott gehen oft Hand in Hand. *Hier* und nicht weitab im Busch ist die Mission heute am meisten gefordert; denn gerade die erfolgreichen Aufsteiger Asiens benötigen die Frohe Botschaft von Jesus Christus, wenn bei ihnen die Verantwortung für die erfolglosen, darbenden Schwachen geweckt werden soll.

Nachdem viele Länder Missionaren kein Visum mehr erteilen, hat sich auch die Art ihres Einsatzes geändert. Heute sind es zunehmend christliche Fachleute, die in solchen Gebieten als qualifizierte Spezialisten, sei es als Lehrer an Fachhochschulen, sei es als Berufsleute, ihr Bestes leisten. Das Evangelium geben sie im Rahmen des jeweils Möglichen nebenbei auf privater Basis weiter, wobei ihre innere Haltung und ihre persönliche Lebensführung im Alltag sowie der Umgang mit ihren Nächsten von entscheidender Bedeutung sind[11].

Die Aufforderung «*Vertraue Gott!*» hat seit 132 Jahren nichts von ihrer Aktualität eingebüßt. Bei Gott ist die unversiegbare Quelle, wo Energie und neue Ideen geschöpft werden. Und wer von Gottes Ruf überzeugt ist, kann ihm auch alle täglichen Bedürfnisse anvertrauen. Nach wie vor weist die ÜMG an ihren Veranstaltungen nicht auf Kollekten hin; es werden auch keine entsprechenden Briefe versandt. Ebensowenig werden irgendwelche Schulden gemacht, wobei die Einnahmen und Ausgaben sich gegenwärtig weltweit auf rund 28 Millionen Franken oder 31 Millionen D-Mark belaufen. Die ÜMG vertraut auch in Zukunft einzig und allein auf Gottes unvergleichliche Treue, die sie seit Hudson Taylors Zeiten durch alle wechselnden Umstände hindurch erfahren hat.

---

[11] Interessenten für den Missionsdienst in der einen oder anderen Form stehen für nähere Auskünfte folgende Adressen zur Verfügung:
Überseeische Missions-Gemeinschaft ÜMG
Schweiz: 8028 Zürich, Postfach 320.
Telefon: 01/251 75 40, Fax: 01/251 80 53.
Deutschland: 35325 Mücke 1, Am Flensburger Hof 12.
Telefon: 06400-8427, Fax: 06400-6440.

9 Die wichtigsten Ereignisse im Leben Hudson Taylors sowie in der von ihm gegründeten Mission

1832 (21. Mai)	Hudson Taylor (HT) wird in Barnsley, England, geboren.
1849	Er wird einen Monat nach seinem 17. Geburtstag Christ; ist überzeugt, daß Gott ihn nach China beruft.
1851	Assistent bei Dr. Robert Hardey in Hull.
1852	Gründung der «Chinese Evangelisation Society» (CES).
1852 (September)	Beginn des Ausbildung im Londoner Spital Whitechapel.
1852 (Dezember)	HT stirbt beinahe an den Folgen eines bösartigen Fiebers.
1853 (September)	Er reist als Mitarbeiter der CES per Segelschiff nach China.
1854 (März)	HT läßt sich in Shanghai nieder.
1855 (Juli)	Als erster bekehrt sich der Chinese Guihua (Taufe 1860). HT kleidet sich nach chinesischer Sitte und läßt sich einen Zopf wachsen.
1855 (Dezember)	Beginn einer glücklichen Arbeitsgemeinschaft mit William Burns.
1856 (März)	HT und Burns beginnen eine Arbeit in Shantou.
1856 (Oktober)	Umzug nach Ningbo.

1857 (Mai)	HT verläßt die CES.
1857	Seine Beziehung zu Maria Dyer stößt bei einigen maßgebenden Missionaren in Ningbo auf Widerstand.
1858 (Januar)	HT und Maria Dyer heiraten.
1860 (März)	Seine Gemeinde an der Bridge-Straße in Ningbo zählt einundzwanzig Mitglieder.
1861 (Juli)	Bei schlechter Gesundheit reist er mit Maria und dem zweijährigen Töchterchen Grace nach England.
1861	HT gibt das Neue Testament im Ningbo-Dialekt heraus. Er nimmt seine medizinische Ausbildung wieder auf.
1862	James Meadows wird als erster von fünf Missionaren aufgenommen, um im Innern Chinas zu arbeiten.
1862 (Juli)	HT schließt seine Ausbildung am Royal College of Surgeons ab; erwirbt das Lizenziat in Geburtshilfe.
1865	Er schreibt sein Buch *China: Its Spiritual Needs and Claims*.
1865 (Juni)	Am Strand von Brighton betet HT um vierundzwanzig bereitwillige, fähige Mitarbeiter; er eröffnet bei der Bank of England ein Konto unter dem Namen «China Inland Mission».
1866 (Mai)	Er segelt mit der «Lammermuir» nach China.
1866 (September)	Nach einem schweren Sturm legt die in Seenot geratene, havarierte «Lammermuir» in Shanghai an.
	Die CIM nimmt ihre Arbeit in Hangzhou und Shaoxing auf.

1867 (August)	Grace Taylor stirbt im Alter von acht Jahren an den Folgen einer Hirnhautentzündung.
1868 (Juni)	Die Arbeit in Yangzhou wird aufgenommen.
1869 (März)	Debatte über den Yangzhou-Aufstand im britischen House of Lords (Oberhaus).
1869 (Sommer)	Neue Einsichten im Blick auf die Heiligung.
1870 (Juli)	Maria stirbt im Alter von dreiunddreißig Jahren.
1871	Rückkehr nach England und Heirat mit Jennie Faulding im November.
1872	Die Liegenschaft an der Pyrland Road wird gemietet; sie sollte dem englischen Zweig der CIM während vieler Jahre als Hauptsitz dienen.
1872 (November)	Rückkehr nach China mit Jennie; Einrichtung ihres Hauses in Hangzhou.
1874	HT stürzt von einer Leiter und zieht sich eine ernsthafte Rückenverletzung zu.
1874 (Juli)	Rückkehr nach England. Er leitet die Mission vom Bett aus. Aufruf zum Gebet um weitere achtzehn Mitarbeiter.
1876 (Februar)	Die Zahl von achtzehn Neuen ist erreicht.
1876 (September)	HT reist ohne Jennie nach China zurück.
1877 (Dezember)	Wiedervereinigung mit der Familie an der Pyrland Road.
1878	Jennie reist allein nach China zurück, um sich für die Linderung der Hungersnot einzusetzen.
1879 (Februar)	HT verläßt England, um zu Jennie nach China zurückzukehren.
1880	Er bereitet eine Gruppe von Frauen auf eine Pionierreise vor, die sie weit in Chinas Westen führen soll.

1881	Die CIM zählt nun sechsundneunzig Missionare, einschließlich Ehefrauen, hundert chinesische Mitarbeiter, siebzig Missionsstationen und über hundert chinesische Kinder in den Schulen.
1882 (Januar)	Aufruf zum Gebet um weitere siebzig Mitarbeiter.
1884	Die Gebete wurden erhört, und die Zahl von siebzig Neuen wird überschritten.
1885	Die «Cambridge Sieben», darunter C.T. Studd, reisen für die CIM nach China aus.
1885 (März)	John Stevenson wird zum Stellvertretenden Generaldirektor der CIM ernannt.
1886 (Juni)	Der ehemals opiumabhängige konfuzianische Gelehrte Hsi wird in Hongtong als Pfarrer ordiniert.
1886 (November)	Der Gedanke, um hundert neue Mitarbeiter für 1887 zu beten, kommt auf.
1887	HT verbringt ein anstrengendes Jahr in England, wo er an Hunderten von Versammlungen spricht.
1887 (November)	Einhundertundzwei Kandidaten, inbegriffen zwei Missionare, die sich ihnen angeschlossen hatten, werden als Mitarbeiter der CIM aufgenommen.
1888	HT besucht erstmals die USA und Kanada. Gründung des nordamerikanischen Zweiges der CIM.
1888 (Oktober)	Acht Frauen und sechs Männer verlassen Vancouver und begleiten HT auf seiner siebten Reise nach China.
1889 (Mai)	HT kehrt nach England zurück.
1889 (Oktober)	Er bittet in einem schriftlichen Aufruf alle Men-

	schen, um tausend Evangelisten für China zu beten.
1889 (Nov.- Dez.)	HT besucht Schweden und Dänemark.
1890 (Frühjahr)	Die Generalkonferenz der Missionen in Shanghai übernimmt seinen Aufruf für das Gebet um tausend Missionare in den nächsten fünf Jahren.
1890 (April)	Neuer CIM-Hauptsitz an der Wusong-Straße in Shanghai eröffnet.
1890 (August)	HT besucht Australien.
1890 (November)	Er schifft sich mit der ersten Gruppe von Missionaren aus Australien und Tasmanien nach Shanghai ein; HT ist wieder mit Jennie vereint.
1891 (Jan.– April)	Viele Missionare aus den USA, Kanada, Australien und Skandinavien treffen in Shanghai ein.
1891	Unruhen im Jangtse-Tal. Die Zusammenarbeit der Missionsräte in China und in London führt zu Spannungen.
1892	Viele Bekehrungen in Shanghai. HT spricht von der Notwendigkeit der «offenkundigen Gegenwart des Heiligen Geistes»; er kehrt mit Jennie über Kanada nach London zurück.
1893 (März)	Henry Frost wird zum CIM-Direktor für Nordamerika ernannt.
1894 (Februar)	Ausreise mit Jennie zum neunten Aufenthalt in China.
1894 (April)	Heirat des zweiten Sohnes Howard mit Geraldine Guiness; sie sind seine späteren Biographen.
1894 (Juli)	Zu Gast bei Pfarrer Hsi und seiner Frau.
1894	Der Krieg zwischen Japan und China verzögert

	die Rückkehr nach England. Im CIM-Krankenhaus in Chefoo werden viele verwundete Soldaten behandelt.
1895 (April)	Ende des japanisch-chinesischen Krieges.
	Seit dem Aufruf, um tausend neue Missionare zu beten, sind 1153 CIM-Mitarbeiter dazugekommen, wovon 480 Männer und 673 Frauen sind. Die CIM verfügt jetzt über 621 Missionare, verteilt auf 122 Hauptstationen. HT versucht die Organisationsstruktur in dem Sinne zu festigen, daß nach seinem Tod die richtigen Leute die Leitung der Mission übernehmen können.
1895 (August)	In Fujian werden Missionare der «Church Mission Society» (CMS) ermordet.
1895 (Oktober)	William Cassels, einer der «Cambridge Sieben», wird zum anglikanischen Bischof von Westchina geweiht.
1896 (Mai)	HT und Jennie kehren nach England zurück. Der Hauptsitz ist nun im neuen Haus in Newington Green untergebracht.
1897	HT besucht Deutschland und gewinnt das Vertrauen der lutherischen Kirchenführer, die ihn anfänglich abgelehnt hatten.
1897 (Sommer)	Der überarbeitete HT erholt sich in Davos (Schweiz); J.T. Morton schenkt der CIM £ 10 000, weitere £ 100 000 kommen später nach seinem Tod dazu.
1897 (November)	HT und Jennie reisen über die USA nach China.
1898 (September)	Kaiserinwitwe Ci xi, die 1889 zurückgetreten war, läßt ihren Sohn, Kaiser De zong, einsperren und reißt die Macht wieder an sich. Viele Reformen werden rückgängig gemacht und fremdenfeindliche Gefühle geschürt.

1898 (November)	Auf dem Weg nach Chongqing erreicht HT die Nachricht vom Tod der ersten CIM-Märtyrer, nämlich des Australiers William Fleming und seines einheimischen Mitarbeiters Pan Shoushan. Er trifft Bischof Cassels und CIM-Leiter in Sichuan. Ernsthafte Erkrankung; an seiner Genesung wird gezweifelt. Die Gebete der ihn pflegenden Jennie werden erhört, und er erholt sich wieder.
1899 (Sommer)	Erholungsaufenthalt in Chefoo.
1900 (April)	HT spricht in Anwesenheit des Präsidenten der USA und des Gouverneurs von New York vor der Ökumenischen Missionskonferenz in der Carnegie Hall in New York.
1900 (Mai)	Während seiner Ansprache in Boston bricht HT zusammen. Er kehrt nach London zurück, fährt dann in die Schweiz, wo er sich langsam erholt.
1900 (Juni)	Aufstand des Geheimbundes der Boxer mit Unterstützung der Kaiserin Ci xi, die zur Ermordung der Fremden aufgerufen hat. Die CIM verliert achtundfünfzig Missionare und einundzwanzig Kinder.
1900	Die chinesische Gemeinde hat nun hunderttausend Mitglieder.
1900 (August)	Taylor ernennt Dixon Hoste (einen der «Cambridge Sieben«) zum amtierenden Generaldirektor der CIM.
1902 (Mai)	HT und Jennie lassen sich in Chevalleyres bei Blonay in der Schweiz nieder.
1902 (November)	HT übergibt die Generaldirektion ganz an Dixon Hoste.
1904 (Juli)	Jennie stirbt an Krebs.
1905	Die CIM hat nun über achthundert Missionare.

1905 (April)	Taylor landet zusammen mit Howard und Geraldine in China; Besuch des Familiengrabs in Zhejiang.
1905 (3. Juni)	Die Missionare verschiedener Gesellschaften finden sich zum Empfang im Missionshaus der CIM in Changsha ein. Im Beisein von Howard und Geraldine stirbt Hudson Taylor im Verlaufe des Abends. (Beisetzung in Zhejiang.)
1934	Nach Beginn von Maos Langem Marsch fallen John und Betty Stam als Märtyrer.
1941 – 1945	Beginn des japanisch-chinesischen Krieges. Die Japaner besetzen große Teile Chinas. Die USA treten in den Krieg ein. Viele Missionare werden vertrieben. Der CIM-Hauptsitz wird vorübergehend von Shanghai nach Chongqing verlegt. Die Schüler und Lehrer der Chefoo-Schule werden ins Konzentrationslager abgeführt.
1949 – 1952	Alle CIM-Missionare werden aus China ausgewiesen. Die CIM wird in OMF/ÜMG umbenannt. Ihre Vision ist die möglichst baldige Evangelisierung von Ostasiens Millionen.
1950	Die chinesische Gemeinde in China zählt über 700 000 Mitglieder.
1965	Die OMF/ÜMG feiert ihr 100jähriges Bestehen. Sie erkennt, daß in vielen asiatischen Ländern eine eigenständige einheimische Gemeinde heranwächst, und öffnet ihre Mission nun auch für asiatische Mitarbeiter. Sie sorgt für die Gründung von einheimischen Komitees, die für die Auswahl der Missionare und deren Aussendung in andere Länder verantwortlich sind.
1986	HTs Urgroßenkel Dr. Jim Taylor entdeckt im ehemaligen Britischen Konsulat in Zhejiang, das

heute ein Museum ist, die Grabsteine von Hudson Taylor und seiner Familie.

1989 In Anbetracht der anderthalb Milliarden Menschen, die in «geschlossenen Ländern» leben, ruft die OMF/ÜMG unter Generaldirektor James Hudson Taylor III. zu ihrer Erweiterung in dem Sinne auf, daß in Asien christliche Fachleute, die in ihrem weltlichen Beruf als Spezialisten ihr Bestes leisten, nebenbei auf privater Basis im Rahmen des jeweils Möglichen das Evangelium weitergeben.

1990 Die OMF/ÜMG feiert ihr 125jähriges Bestehen.

1995 Angesichts der enormen Umwälzungen in Asien und der stets wachsenden Zahl von Nationalitäten innerhalb der Missions-Gemeinschaft nähert sich die OMF/ÜMG einer zunehmend föderativen Struktur. Verkündigung und Bibelunterricht sind und bleiben ihre hauptsächlichen Ziele. Der Einsatz von christlichen Fachleuten in asiatischen Ländern, einschließlich China, soll dem Hauptanliegen neuen Schwung verleihen. Der neue Name «OMF International» möchte das auch nach außen hin zeigen.

Dank

Ich danke Edyth Banks (ehemals Communications Department in Singapur, jetzt beim «Agape Family and Counselling Centre») für ihre geduldige Durchsicht einer früheren Version dieses Buches; sie hat mich auf einige schwerfällige und polemische Passagen aufmerksam gemacht. Der verstorbene Jim Broomhall kannte meine Absicht, das vorliegende Buch zu schreiben. Er stand mir beratend und ermutigend zur Seite, wie schon damals, als ich *A Man in Christ* verfaßte. Er fehlt mir. Julia Cameron sowie Tony und Jane Collins halfen mir, nicht zuletzt mit ihren wertvollen kritischen Hinweisen. Schließlich wie immer: Sheila, Tim und Joe sind mir in allem beigestanden und haben mir Kraft gegeben, dieses zweite Buch über den bemerkenswerten Mann zu schreiben, der sich stets als kleiner Diener seines großen Meisters verstanden hat.

Roger Steer
Copplestone, Devon

Verzeichnis der wichtigsten Quellen

Bacon D W, *From Faith to Faith: The influence of Hudson Taylor on the faith missions movement,* Overseas Missionary Fellowship (OMF) Books, 1984.

Broomhall A J, *Hudson Taylor and China's Open Century*, Hodder and Stoughton and the OMF, Books 1 to 7, 1981–1990.

Broomhall M (ed.), *Hudson Taylor, The Man who believed God,* CIM, 1929.

Broomhall M (ed.), *Hudson Taylor's Legacy: Daily Readings,* CIM, 1931.

Occasional Papers of the China Inland Mission, Volumes I to IV, CIM, 1872.

Packer J I, *Keep in Step with the Spirit,* IVP, 1984 (dt. *Auf den Spuren des Heiligen Geistes,* Basel, 1989).

Steer Roger, *Hudson Taylor: A Man in Christ,* OMF Books, 1990 (dt. *Im Herzen Chinas,* Gießen, 1994).

Stott John R W, *The Baptism and Fullness of the Holy Spirit,* IVF, 1964.

Taylor Dr and Mrs Howard, *By Faith – Henry W Frost and the China Inland Mission,* CIM, 1938.

Taylor Dr and Mrs Howard, *Hudson Taylor in Early Years: The Growth of a Soul,* CIM and RTS, 1911.

Taylor Dr and Mrs Howard, *Hudson Taylor and the China Inland Mission: The Growth of a Work of God,* CIM and RTS, 1918.

Taylor J Hudson, *China's Spiritual Needs and Claims,* Morgan and Scott, 1887.

Taylor J Hudson, *Retrospect,* OMF, 1974 edn.